동태적 거시경제학

성장과 변동

연습문제 풀이집

이종화 · 김진일 공저

DYNAMIC MACRO ECONOMICS

GROWTH AND FLUCTUATIONS

박영사

머리말

저자들이 저술한 「동태적 거시경제학─성장과 변동」은 경제주체의 동태적 의사결정 원리에 기초하여 경제의 장기 성장과 변동을 이해하고자 하는 학부 고학년 학생과 대학원 학생을 위한 교재이다. 교과서로 배우거나 혼자 학습이 가능하도록 최대한 평이하게 내용을 서술하려고 노력했지만, 다양한 수리적 분석 기법을 사용하는 동태적 거시경제학을 독자들이 교과서의 서술만으로 이해하기가 그리 쉽지는 않다. 이러한 이유로 저자들은 독자들의 학습을 돕기 위하여 교재의 장마다 연습문제를 추가하였다.

본 풀이집은 교과서에 수록된 연습문제의 풀이 과정을 최대한 자세히 설명하여 학습자에게 도움을 주고자 하였다. 학습자가 연습문제를 스스로 풀어 보고 나서 풀이집의 해답과 맞추어 보는 과정을 통해 동태적 거시경제학에 대한 이해를 한층 깊게 할 수 있을 것으로 기대한다.

저자들은 교재를 집필하면서 그동안의 강의에서 축적된 연습문제를 다수 포함하였다. 여러 해에 걸쳐 저자들의 강의를 도와준 대학원 조교들이 이들 연습문제의 풀이에 많은 도움을 주었다. 지면의 한계로 일일이 이름을 열거하지 못하지만, 이 자리를 빌려 고려대학교 대학원을 졸업한 여러 조교의 헌신적인 노력에 감사드린다. 특별히 이번 교과서 집필뿐 아니라 연습문제 풀이집의 원고를 완성하는 데 도움을 준 송은비 박사, 최동근 석사, 박춘영 석사과정생, 김동녘 석사과정생, 유성현 석사과정생에게 감사드린다. 그리고 출판에 정성을 다해주신 박영사에도 깊은 감사를 드린다. 아직도 남아 있는 부족한 부분은 물론 전적으로 저자들의 책임이며 앞으로 꾸준히 개선해 나갈 것을 약속한다.

2023년 2월
이종화·김진일

차례

거시경제의
움직임과
동태적
거시경제학

CHAPTER 01 거시경제의 움직임과 동태적 거시경제학

01

(1) 세계은행의 "World Bank Open Data(https://data.worldbank.org/)"의 "Indicators"로 가서 "GDP per capita, PPP(current international dollar)"에서 가장 최근 자료인 2019년의 한국, 나이지리아, 독일, 미국, 아르헨티나, 일본, 인도, 중국의 값을 찾아 비교하면 아래와 같다. 나이지리아, 인도의 1인당 GDP는 미국의 1인당 GDP의 10% 정도이다. 한국은 미국의 2/3 정도이다.

〈표 1-1〉 세계 각 국가의 일인당 소득

Country Name	GDP per capita, PPP, 2019	미국의 1인당 GDP 대비 비율(미국=1)
한국	43,143	0.66
나이지리아	5,363	0.08
독일	56,278	0.86
미국	65,298	1.00
아르헨티나	23,040	0.35
일본	43,236	0.66
인도	6,997	0.11
중국	16,830	0.26

일인당 소득 격차의 가장 중요한 요인으로는 앞으로 배울 경제성장이론에 의하면 투자율(저축률), 인구증가율, 인적자본, 기술진보, 제도 등을 들 수 있다.

(2) 한국, 미국, 중국을 선택하여 "GDP per capita growth(annual %)"에서 자료를 찾아 1970년대 이후 시계열 자료를 그려 비교한 그림은 아래와 같다. 50년 동안 장기에 걸쳐 평균 일인당 GDP 성장률은 중국 7.82%, 한국 5.92%, 미국 1.76%였다. 이러한 차이를 가져온 가장 중요한 요인은 크게 보면 일인당 자본축적의 속도와 기술(생산성) 진보율의 차이, 그리고 인적자본(즉, 노동의 질)의 차이에 기인한다고 할 수 있다. 앞으로 배울 성장이론은 이러한 요인들의 차이를 가져온 근본 요인이 무엇인지 분석한다.

한국, 중국, 미국의 일인당 GDP 성장률은 최근 글로벌 금융위기 무렵의 변동에서 보듯이 많은 기간에서 비슷한 모습의 변동을 보였다. 그러나 개방 이전의 1970년대의 중국의 경제성장률과 1998년의 한국의 외환 위기 무렵의 경제성장률 변동에서 보듯이 개별 국가마다 고유한 충격과 경제주체의 대응, 정부 정책에 의해 독자적인 모습의 변동을 보이기도 한다. 경제 변동을 가져오는 충격과 파급효과에 대한 분석은 경제 변동 이론에서 분석한다.

〈그림 1-1〉 한국, 미국, 중국의 일인당 GDP 성장률(%)

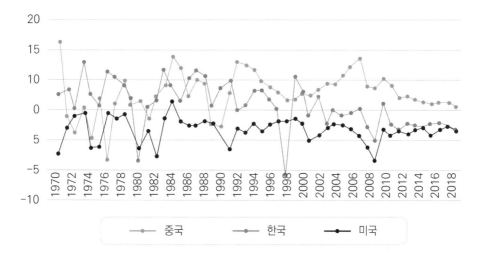

산점도에서 보여주는 저축률(또는 투자율)과 일인당 소득의 정의 관계는 인과관계가 아니고 상관관계이다. 즉, 각국의 저축률이 일인당 소득에 영향을 줄 수도 있지만, 반대로 일인당 소득이 저축률에 영향을 줄 수 있다. 이와 더불어, 제3의 변수가 저축률과 일인당 소득에 동시에 영향을 주기 때문에 두 변수 간에 밀접한 관계가 있는 것처럼 나타날 수도 있다.

통계청에 따르면 경기변동(혹은 경기 순환, business cycle)은 총체적 경제 활동이 경제의 장기 성장추세를 중심으로 상승과 하강을 반복하며 성장하는 현상을 의미한다. 통계청 산업동향과에서는 경기종합지수를 발표하며 선행종합지수, 동행종합지수, 그리고 후행종합지수 3개를 작성한다. 선행종합지수는 7개의 구성지표를 활용하며 경기변동의 단기 예측에 사용된다. 동행종합지수는 7개의 구성지표를 활용하며 공급 측면과 수요 측면을 모두 고려하여 현재 경기상황의 판단에 사용된다. 마지막으로 후행종합지수는 5개의 구성지표를 통해 작성되며 현재 경기의 사후 확인에 이용된다.

▎〈표 1-2〉 경기종합지수 구성지표

선행종합지수 구성지표	1. 재고순환지표 2. 경제심리지수 3. 건설수주액(실질) 4. 기계류내수출하지수(선박제외)	5. 수출입물가비율 6. 코스피 7. 장단기금리차
동행종합지수 구성지표	1. 광공업생산지수 2. 서비스업생산지수(도소매업제외) 3. 소매판매액지수 4. 내수출하지수	5. 건설기성액(실질) 6. 수입액(실질) 7. 비농림어업취업자수
후행종합지수 구성지표	1. 생산자제품재고지수 2. 소비자물가지수변화율(서비스) 3. 소비재수입액(실질)	4. 취업자수 5. CP유통수익률

NBER(전미경제연구소, the National Bureau of Economic Research)에서는 경기 활동의 가장 고점에서 저점으로(peaks and troughs) 하락하는 기간을 불황(recession)이라고 본다. 실질 GDP, 실업률, 실질임금, 산업생산지수 등 다양한 경기 활동을 나타내는 거시경제변수들을 바탕으로 NBER에서는 경기변동에서의 고점과 저점을 파악하여 경기의 불황과 호황을 구분한다.

통계청과 NBER의 공통점은 경제 상황을 판단할 때 단일지표가 아닌 여러 지표들과 거시경제변수들의 움직임을 동시에 종합적으로 고려한다는 점이다. 통계청에서는 경기와 경기지표가 움직이는 시차를 나누어 지수를 구성한다. 또한, 통계청에서는 특정 기간에 대해 불황과 호황 여부를 가리지 않지만, NBER에서는 특정 기간에 대해 불황과 호황 여부를 판단한다.

04

노벨위원회에서 공식적으로 웹사이트에 발표한 각 수상자의 업적은 다음과 같다.(https://www.nobelprize.org/prizes/lists/all−prizes−in−economic−sciences/)

- Paul M. Romer "for integrating technological innovations into long−run macroeconomic analysis"
- Thomas J. Sargent and Christopher A. Sims "for their empirical research on cause and effect in the macroeconomy"
- Peter A. Diamond, Dale T. Mortensen and Christopher A. Pissarides "for their analysis of markets with search frictions"
- Edmund S. Phelps "for his analysis of intertemporal tradeoffs in macroeconomic policy"
- Finn E. Kydland and Edward C. Prescott "for their contributions to dynamic macroeconomics: the time consistency of economic policy and the driving forces behind business cycles"

솔로우 성장모형

CHAPTER
02 솔로우 성장모형

01

(1) 솔로우 경제 성장모형에서 인구증가율 n, 저축률 s, 외생적 기술진보율 g, 자본의 감가상각률 δ로 주어졌다.

① 먼저 유효노동력당 자본량 $k_t = \dfrac{K_t}{L_t e^{gt}}$이 시간에 따라 어떻게 변화하는지를 알아보자.

우선, $L_t e^{gt}$를 X_t라고 정의하자. 유효노동력당 자본량은 다음과 같이 표현할 수 있다.

$$k_t = \frac{K_t}{L_t e^{gt}} = \frac{K_t}{X_t}$$

유효노동력당 생산함수는 다음과 같다.

$$y_t = \frac{Y_t}{L_t e^{gt}} = \frac{Y_t}{X_t} = \frac{K_t^{\alpha}(X_t)^{1-\alpha}}{X_t} = k_t^{\alpha}$$

$k_t = \dfrac{K_t}{L_t e^{gt}}$를 시간(t)에 대해 미분을 하면 다음과 같다.

$$\frac{dk}{dt} = \frac{d}{dt}\left(\frac{K_t}{X_t}\right) = \frac{1}{X_t^2}\left(\frac{dK_t}{dt}X_t - K_t\frac{dX_t}{dt}\right)$$

$$= \frac{1}{X_t^2}\left(\dot{K}_t X_t - K_t \dot{X}_t\right) = \frac{\dot{K}_t}{X_t} - k_t\frac{\dot{X}_t}{X_t} = \frac{\dot{K}_t}{X_t} - k_t(n+g)$$

단, $\dot{X}_t = \frac{dX_t}{dt} = \frac{de^{(n+g)t}}{dt} = (n+g)e^{(n+g)t} = (n+g)X_t$

(인구증가율이 n이므로, $L_t = e^{nt}$. $L_0 = 1$ 가정)

위의 식을 다음 균형조건과 결합한다.

$$\dot{K}_t = I_t - \delta K_t = S_t - \delta K_t = s\,Y_t - \delta K_t$$

$$\Rightarrow \frac{dk}{dt} = \frac{s\,Y_t - \delta K_t}{X_t} - k_t\frac{\dot{X}_t}{X_t}$$

$$\Rightarrow \frac{dk}{dt} = sf(k_t) - (n+g+\delta)k_t = sk_t^{\alpha} - (n+g+\delta)k_t$$

$\therefore k_t$의 동태적 경로를 보이는 식은 $\dot{k}_t = sk_t^{\alpha} - (n+g+\delta)k_t$

유효노동력당 자본량은 유효노동력당 총저축(혹은 총투자)에서 기존 자본량 유지를 위해 필요한 신규 인구증가, 기술진보, 감가상각에 따른 보전 부분을 제하고 남은 크기에 따라 변화한다.

② 균제상태(steady state)에서의 k_t의 값과 자본의 한계생산물을 구해보자. 균제상태는 변수들의 변화율이 일정한 상태를 뜻하며, $\dot{k}_t = 0$를 만족하는 k^*를 구한다.

$$\dot{k}_t = sk^{\alpha} - (n+g+\delta)k_t = 0$$

$$\Rightarrow sk^{\alpha} = (n+g+\delta)k$$

$$k^{1-\alpha} = \left(\frac{s}{n+g+\delta}\right)$$

$$\therefore k^* = \left(\frac{s}{n+g+\delta}\right)^{1/1-\alpha}$$

자본의 한계생산물 MPK는 아래와 같다.

$$MPK = \frac{\partial Y_t}{\partial K_t} = \frac{\partial\left[K_t^{\alpha}(X_t)^{1-\alpha}\right]}{\partial K_t}$$

$$= \alpha K_t^{\alpha-1}(X_t)^{1-\alpha} = \alpha\left(\frac{K_t}{X_t}\right)^{\alpha-1} = \alpha k^{*\,\alpha-1}$$

균제상태에서 MPK의 값을 구하면,

$$MPK = \alpha k^{*\,\alpha-1}$$

$$= \alpha\left[\left(\frac{s}{n+g+\delta}\right)^{\frac{1}{1-\alpha}}\right]^{\alpha-1}$$

$$= \alpha\frac{n+g+\delta}{s}$$

③ 균제상태에서 $\dfrac{K_t}{L_t}$, $\dfrac{Y_t}{L_t}$ 의 성장률을 구해보자.

$k_t = \dfrac{K_t}{L_t e^{gt}}$ 이므로, $\dfrac{K_t}{L_t} = k_t e^{gt}$ 이다.

성장률을 구하기 위해서 자연로그를 취한 후 t에 대해 미분하면,

$$\frac{d\ln[K_t/L_t]}{dt} = \frac{d\ln[k_t e^{gt}]}{dt}$$

$$= \frac{d[\ln k_t + \ln e^{gt}]}{dt}$$

$$= \frac{\dot{k_t}}{k_t} + g = 0 + g = g$$

따라서 균제상태에서 일인당 자본량 $\dfrac{K_t}{L_t}$의 성장률은 g이다.

$\dfrac{Y_t}{L_t}$의 성장률을 구해보자. $y_t = \dfrac{Y_t}{L_t e^{gt}}$이므로, $\dfrac{Y_t}{L_t} = y_t e^{gt} = k_t^\alpha e^{gt}$이다.

성장률을 구하기 위해서는 자연로그를 취한 후, t에 대해 미분한다.

$$\frac{d\ln[Y_t/L_t]}{dt} = \frac{d\ln[k_t^\alpha e^{gt}]}{dt}$$

$$= \frac{d[\alpha\ln k_t + \ln e^{gt}]}{dt}$$

$$= \alpha\frac{\dot{k_t}}{k_t} + g = 0 + g = g$$

따라서 균제상태에서 일인당 자본량 $\dfrac{Y_t}{L_t}$의 성장률 또한 g이다.

(2) ① 황금률은 균제상태에서 유효노동력당 소비를 극대화하는 경우에 만족한다. 이때의 유효노동력당 자본량을 구해보자.

균제상태의 유효노동력당 소비: $c_t = (1-s)y_t = k_t^\alpha - (n+g+\delta)k_t$

$Max\ c* = f(k*) - sf(k*)$

$\quad = f(k*) - (n+g+\delta)k*$ (균제상태 조건 $sf(k*) = (n+g+\delta)k*$을

$\quad$ 대입함)

$\quad = k^{*\alpha} - (n+g+\delta)k*$

극대화의 1계 조건을 만족하는 유효노동력당 자본량을 구해보자.

$$\frac{dc^*}{dk} = 0 \Leftrightarrow \alpha k_t^{*\alpha-1} = (n+g+\delta)$$

$$\therefore k_g^* = \left(\frac{\alpha}{n+g+\delta}\right)^{\frac{1}{1-\alpha}}$$

② 황금률을 만족하는 균제상태에서의 k_g^*와 (1)에서 구한 k^*를 비교해보면, 저축률(s)이 자본의 몫인 α와 같을 때만 균제상태에서의 자본축적량이 황금률을 만족함을 알 수 있다. 만일 $s > \alpha$이면 $r^* < r_g(=n+g+\delta)$이므로, 균제상태에서의 실질이자율이 황금률에서의 실질이자율보다 낮다. 이 경우에는 $k^* > k_g$가 되어 자본축적이 너무 많아서 정상상태의 유효노동력당 소비가 황금률의 유효노동력당 소비보다 적다. 즉, 동태적 비효율성(dynamic inefficiency)이 발생한다.

(3) 최초 k_0^{ss}의 균제상태에서 저축률 s가 2배 증가($s_0 \rightarrow s_1 = 2s_0$)하면, <그림 2-1>과 같이 $\frac{\dot{k_t}}{k_t} = 0$를 상향이동시키고, 새로운 균제상태를 갖게 된다. 따라서, 이동경로에서는 자본의 증가속도가 0보다 커지게 되고, 경제가 성장하면서 새로운 균제상태인 k_1^{ss}로 나아가게 된다. 저축률의 증가는 균제상태의 일인당 자본량을 증가시킨다.

하지만 저축률의 증가는 균제상태의 $\frac{Y_t}{L_t}$의 성장률을 변화시키지 못한다. $\frac{Y_t}{L_t}$의 성장률은 g이다.

〈그림 2-1〉 저축률이 s에서 2s로 증가할 때 균제상태로의 이동경로

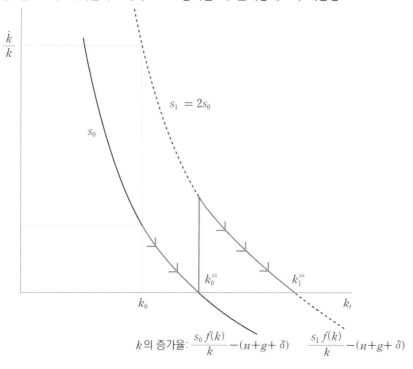

k의 증가율: $\dfrac{s_0\,f(k)}{k}-(n+g+\delta)$ $\dfrac{s_1\,f(k)}{k}-(n+g+\delta)$

02 _____

(1) 균제상태에서 출산율의 갑작스러운 감소로 인구증가율이 하락한다. <그림 2-2>를 보면 문제 1의 <그림 2-1>의 저축률이 증가한 경우와 비슷하게 $\dfrac{\dot{k_t}}{k_t}=0$이 상향이동하고 이동경로에서는 자본의 증가속도가 0보다 커지게 되지만, 점차 성장률이 하락하고 균제상태로 간다.

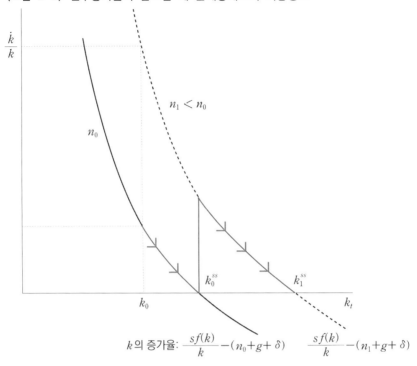

〈그림 2-2〉 인구증가율이 감소할 때 균제상태로의 이동경로

k의 증가율: $\dfrac{sf(k)}{k}-(n_0+g+\delta)$ $\dfrac{sf(k)}{k}-(n_1+g+\delta)$

$\dfrac{Y_t}{L_t}$는 이동경로에서 k_t와 비슷하게 성장률이 증가하였다가 점차 하락한다

($\because \dfrac{\dot{y_t}}{y_t}= \alpha \dfrac{\dot{k_t}}{k_t}+g$). 균제상태에서 이 경제의 $\dfrac{Y_t}{L_t}$의 성장률은 g로 전과 같

고 인구증가율이 하락해도 영향을 받지 않는다.

Y_t의 성장률의 변화는 K_t의 성장률에 의해 결정된다.

$$\frac{\dot{K_t}}{K_t} = \frac{\dot{k_t}}{k_t}+n = [sk_t^{\alpha-1} - (n+g+\delta)]+n$$

위 식에서 보면 n의 변화는 이동경로에서 K_t의 성장률(Y_t의 성장률)에 영

향을 미치지 못한다. 인구증가율이 하락하면, k_t의 성장률을 높이고 같은

크기로 K_t의 성장률을 낮추기 때문이다. 반면에 균제상태에서는 K_t의 성장률(Y_t의 성장률)은 $\frac{K_t}{L_t}$의 성장률($\frac{Y_t}{L_t}$의 성장률)의 변화에 인구증가율 n을 더한 것과 같다. 균제상태에서 $\frac{K_t}{L_t}$ ($\frac{Y_t}{L_t}$)의 성장률은 g로 전과 같고 인구증가율 n은 하락하므로 K_t의 성장률(Y_t의 성장률)은 하락한다.

(2) 균제상태의 유효노동력당 자본량과 유효노동력당 생산량의 값은 아래와 같이 구해진다. 인구증가율이 감소하면 유효노동력당 자본량과 유효노동력당 생산량은 증가한다.

$$k^* = \left(\frac{s}{n+g+\delta}\right)^{1/1-\alpha}, \ y^* = \left(\frac{s}{n+g+\delta}\right)^{\alpha/1-\alpha}$$

(3) 솔로우 모형에서 인구와 생산가능인구(15~64세 인구, 노동력)를 구별하면, 생산함수의 L은 전체 인구가 아니라 생산가능인구(노동력)가 된다. 출산율이 하락하면 인구증가율이 하락하지만, 노동력 증가율은 곧바로 감소하지 않는다. 출산율 하락으로 노동력당 생산량, 또는 유효노동력당 생산량의 변화가 일어나는 시점은 15년 후가 된다. 그 시점에서 인구증가율의 변화를 분석한 모형에 의해 $\frac{Y_t}{L_t}$의 변화를 설명할 수 있다. 여기서 균제상태의 Y_t의 값은 유효노동력당 생산량의 값에 기술 수준과 L_t의 값을 곱하여 결정된다. 즉,

$$Y_t^* = y_t^* L_t^* = \left(\frac{s}{n+g+\delta}\right)^{\alpha/1-\alpha} e^{gt} L_o e^{nt}$$

따라서 인구증가율(노동력 증가율) 감소로 균제상태에서 $\frac{Y_t}{L_t}$가 증가해도 유효노동력의 수가 크게 줄면 Y_t의 값도 줄어들 수 있다.

03

(1) 연습문제 1과 같은 방법으로 풀면, 유효노동력당 자본량의 변화식은 다음과 같다.

$$\dot{k}_t = s k_t^{0.5} - (n+g+\delta)k_t$$

균제상태에서의 k_t의 값은 다음과 같다.

$$\dot{k}_t = s k^{0.5} - (n+g+\delta)k_t = 0$$
$$\Rightarrow \quad k^* = \left(\frac{s}{n+g+\delta} \right)^2$$

균제상태에서 k_t의 성장률은 0이다.

유효노동력당 자본량의 동태적 경로를 보이는 그림을 그리면 다음과 같다.

〈그림 2-3〉 자본축적의 균형경로

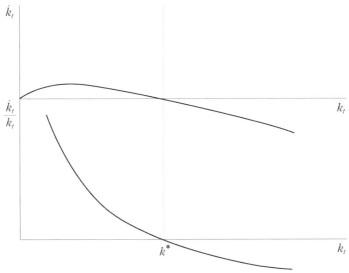

(2) ① 황금률은 균제상태에서 유효노동력당 소비를 극대화하는 경우에 만족한다.

$$\frac{dc^*}{dk} = 0 \Leftrightarrow 0.5k^{*-0.5} = (n+g+\delta)$$

$$\therefore k_g{}^* = [2(n+g+\delta)]^{-2}$$

황금률을 만족하는 저축률은 $s_g = 0.5$일 때이다. 균제상태의 값은 황금률을 만족한다.

② 저축률 s가 절반으로 감소하면 균제상태의 k^*는 $[4(n+g+\delta)]^{-2}$로 1/4 감소한다. 저축률 s가 감소했을 때 k_t는 더 작은 값의 균제상태의 자본축적을 향해 이동해 간다. 이 경우는 동태적으로 효율적(dynamic efficient)이다. 저축을 다시 0.5로 늘리면 황금률을 달성하지만, 현재 소비가 감소하여 효용이 감소한다.

04

(1) CES 생산함수는 아래와 같이 주어지고

$$Y_t = F(K_t, A_tL_t) = \left[\alpha K_t^{\psi} + (1-\alpha)(A_tL_t)^{\psi}\right]^{\frac{1}{\psi}}, \ 0 < \alpha < 1, \ \psi < 1, \ \psi \neq 0$$

노동력 $n > 0$, 기술 수준(A) $g > 0$로 일정하게 성장하는 경우이다.

① 대체탄력성은 아래와 같이 정의할 수 있다:

$$\sigma = -\left[\frac{dln(MPK/MPL)}{dln(K/L)}\right]^{-1}$$

$$MPK = \frac{\partial Y_t}{\partial K_t} = \frac{\partial}{\partial K_t}[\alpha K_t^{\psi} + (1-\alpha)(A_t L_t)^{\psi}]^{1/\psi}$$

$$= \frac{1}{\psi}[\alpha K_t^{\psi} + (1-\alpha)(A_t L_t)^{\psi}]^{1/\psi-1}\alpha\psi(K_t)^{\psi-1}$$

$$= \alpha(K_t)^{\psi-1}[\alpha K_t^{\psi} + (1-\alpha)(A_t L_t)^{\psi}]^{1/\psi-1}$$

$$= \alpha(K_t)^{\psi-1}(Y_t)^{1-\psi}$$

$$MPL = \frac{\partial Y_t}{\partial L_t} = \frac{1}{\psi}(1-\alpha)\psi A_t^{\psi}(L_t)^{\psi-1}[\alpha K_t^{\psi} + (1-\alpha)(A_t L_t)^{\psi}]^{1/\psi-1}$$

$$= (1-\alpha)A_t^{\psi}L_t^{\psi-1}Y_t^{1-\psi}$$

$$\frac{MPK}{MPL} = \left(\frac{\alpha}{1-\alpha}\right)\left(\frac{1}{A_t}\right)^{\psi}\left(\frac{K_t}{L_t}\right)^{\psi-1}$$

위의 자본과 노동 간 대체탄력성의 정의에 따라, 로그를 취한 후 $\ln(MPK/MPL)$를 $\ln(K/L)$에 대하여 미분을 하면 다음과 같다.

$$\ln\frac{MPK}{MPL} = \ln\left(\frac{\alpha}{1-\alpha}\right) + \psi\ln\left(\frac{1}{A_t}\right) + (\psi-1)\ln\left(\frac{K_t}{L_t}\right)$$

$$\frac{\partial \ln(MPK/MPL)}{\partial \ln(K_t/L_t)} = \psi-1$$

따라서 대체탄력성은 다음과 같다: $\sigma = \dfrac{1}{1-\psi}$ (ψ는 탄력성 파라미터)

② $\displaystyle\lim_{\psi\to0} Y_t = \lim_{\psi\to0}[\alpha K_t^{\psi} + (1-\alpha)(A_t L_t)^{\psi}]^{1/\psi}$

위 생산함수는 정의되지 않기 때문에 양변을 자연로그를 취하여 식을 변형하고 L'Hospital's rule과 Chain rule을 사용하여 풀면,

$$\lim_{\psi \to 0} \ln Y_t = \lim_{\psi \to 0} \frac{1}{\psi} \ln \left[\alpha K_t^{\psi} + (1-\alpha)(A_t L_t)^{\psi} \right]$$

$$= \lim_{\psi \to 0} \frac{\alpha K_t^{\psi} \ln K_t + (1-\alpha)(A_t L_t)^{\psi} \ln (A_t L_t)}{\alpha K_t^{\psi} + (1-\alpha)(A_t L_t)^{\psi}}$$

$$= \alpha \ln K_t + (1-\alpha) \ln (A_t L_t)$$

따라서, $\psi \to 0$이면, 콥－더글러스 생산함수 $Y_t = K_t^{\alpha}(A_t L_t)^{1-\alpha}$로 수렴한다.

(참고: L'Hospital's rule: $\displaystyle \lim_{x \to a} \frac{f(x)}{g(x)} = \lim_{x \to a} \frac{f'(x)}{g'(x)}$;

지수의 미분공식: $db^{\psi}/d\psi = b^{\psi} \cdot \ln b$)

(2) ① $y = f(k)$의 형태로 표시해 보자.

$$k_t = \frac{K_t}{A_t L_t},$$

$$y_t = \frac{Y_t}{A_t L_t} = \frac{1}{A_t L_t} \left[\alpha (K_t)^{\psi} + (1-\alpha)(A_t L_t)^{\psi} \right]^{1/\psi}$$

$$= \frac{1}{\left[(A_t L_t)^{\psi} \right]^{1/\psi}} \left[\alpha (K_t)^{\psi} + (1-\alpha)(A_t L_t)^{\psi} \right]^{1/\psi}$$

$$= \left[\frac{\alpha (K_t)^{\psi} + (1-\alpha)(A_t L_t)^{\psi}}{(A_t L_t)^{\psi}} \right]^{1/\psi}$$

$$= \left[\alpha (k_t)^{\psi} + (1-\alpha) \right]^{1/\psi}$$

$$\therefore \ y_t = \left[\alpha (k_t)^{\psi} + (1-\alpha) \right]^{1/\psi}$$

② 자본의 한계생산물 $MP_K = f'(k)$와 평균생산물 $AP_K = f(k)/k$를 구해 보자.

$$MP_k = f'(k_t) = \frac{1}{\psi} [\alpha k_t^{\psi} + (1-\alpha)]^{1/\psi - 1} \alpha \psi k_t^{\psi - 1}$$

$$= \alpha k_t^{\psi - 1} [\alpha k_t^{\psi} + (1-\alpha)]^{1/\psi - 1}$$

$$AP_k = \frac{f(k_t)}{k_t} = \frac{[\alpha(k_t)^\psi + (1-\alpha)]^{1/\psi}}{k_t}$$

$$= [\alpha + (1-\alpha)k_t^{-\psi}]^{1/\psi}$$

③ 자본의 한계생산물 $MP_K = f'(k)$와 평균생산물 $AP_K = f(k)/k$이 사본 축적에 따라 변화하는 것을 보기 위해 앞에서 구한 MP_k와 AP_k를 k_t에 대하여 미분한다.

$$\frac{dMP_k}{dk_t} = \frac{d}{dk_t}\left\{\alpha k_t^{\psi-1}[\alpha k_t^\psi + (1-\alpha)]^{1/\psi-1}\right\}$$

$$= \frac{d}{dk_t}\left\{\alpha[\alpha + (1-\alpha)k_t^{-\psi}]^{1/\psi-1}\right\}$$

$$= \alpha\frac{1-\psi}{\psi}[\alpha + (1-\alpha)k_t^{-\psi}]^{1/\psi-2}(1-\alpha)(-\psi)k_t^{-\psi-1}$$

$$= -\alpha(1-\alpha)(1-\psi)[\alpha + (1-\alpha)k_t^{-\psi}]^{1/\psi-2}k_t^{-\psi-1} < 0,$$

$$(as\ \ 1-\alpha > 0, 1-\psi > 0)$$

$\therefore k_t$의 증가에 따라 자본의 한계생산물은 감소한다.

$$\frac{dAP_k}{dk_t} = \frac{d}{dk_t}\left\{[\alpha + (1-\alpha)k_t^{-\psi}]^{1/\psi}\right\}$$

$$= \frac{1}{\psi}[\alpha + (1-\alpha)k_t^{-\psi}]^{1/\psi-1}(1-\alpha)(-\psi)k_t^{-\psi-1}$$

$$= -(1-\alpha)[\alpha + (1-\alpha)k_t^{-\psi}]^{1/\psi-1}k_t^{-\psi-1} < 0$$

$\therefore k_t$의 증가에 따라 자본의 평균생산물은 감소한다.

(3) ① 노동의 한계생산물:

$$MPL = \frac{\partial Y_t}{\partial L_t} = \frac{1}{\psi}[\alpha K_t^{\psi} + (1-\alpha)(A_t L_t)^{\psi}]^{1/\psi-1}\psi(1-\alpha)A_t^{\psi}L_t^{\psi-1}$$

$$= (1-\alpha)A_t^{\psi}L_t^{\psi-1}[\alpha K_t^{\psi} + (1-\alpha)(A_t L_t)^{\psi}]^{(1-\psi)/\psi}$$

$$= (1-\alpha)A_t\left[\frac{\alpha K_t^{\psi} + (1-\alpha)(A_t L_t)^{\psi}}{(A_t L_t)^{\psi}}\right]^{(1-\psi)/\psi}$$

$$= (1-\alpha)A_t[\alpha k_t^{\psi} + (1-\alpha)]^{(1-\psi)/\psi}$$

② 노동의 몫: 생산요소시장과 생산물시장이 완전경쟁일 때, 노동의 임금은 MPL과 같다. 따라서 전체 생산에서 차지하는 몫(노동소득분배율)은

$$\frac{w_t L_t}{Y_t} = \frac{MPL \times L_t}{Y_t} \text{ 이다.}$$

$$\frac{MPL \times L_t}{Y_t} = \frac{(1-\alpha)A_t^{\psi}L_t^{\psi-1}[\alpha K_t^{\psi} + (1-\alpha)(A_t L_t)^{\psi}]^{\frac{1-\psi}{\psi}} \times L_t}{[\alpha K_t^{\psi} + (1-\alpha)(A_t L_t)^{\psi}]^{\frac{1}{\psi}}}$$

$$= \frac{(1-\alpha)(A_t L_t)^{\psi}}{\alpha K_t^{\psi} + (1-\alpha)(A_t L_t)^{\psi}}$$

$$= \frac{(1-\alpha)}{\alpha k_t^{\psi} + (1-\alpha)}$$

③ k_t의 증가에 따른 MPL 변화:

$$\frac{dMPL}{dk_t} = \frac{d}{dk_t}[(1-\alpha)A_t[\alpha k_t^{\psi} + (1-\alpha)]^{(1-\psi)/\psi}]$$

$$= (1-\alpha)A_t\left(\frac{1-\psi}{\psi}\right)[\alpha k_t^{\psi} + (1-\alpha)]^{\frac{1-\psi}{\psi}-1}\alpha\psi k_t^{\psi-1}$$

$$= \alpha(1-\alpha)A_t(1-\psi)k_t^{\psi-1}[\alpha k_t^{\psi} + (1-\alpha)]^{\frac{1-\psi}{\psi}-1} > 0$$

⇒ k_t의 증가에 따라 노동의 한계생산물은 증가한다.

$$\frac{d\left(\dfrac{MPL \times L_t}{Y_t}\right)}{dk_t} = \frac{d}{dk_t}\left[\frac{(1-\alpha)}{\alpha k_t^{\psi} + (1-\alpha)}\right]$$

$$= -(1-\alpha)\alpha\psi k_t^{\psi-1}[\alpha k_t^{\psi} + (1-\alpha)]^{-2}$$

$\Rightarrow$ k_t의 증가에 따른 노동의 몫 변화는 자본과 노동 간 대체탄력성에 따라 다르다.

만약 $\sigma = 1$이라면, 노동의 몫은 k_t에 따라 변하지 않고, 노동의 몫은 $1-\alpha$로 일정하다. (CES 생산함수가 콥-더글러스 생산함수의 형태를 따른다). 하지만, 만약 $\sigma > 1$ $(0 < \psi < 1)$이라면, k_t가 증가하면 노동의 몫은 감소할 것이다. 만약 $\sigma < 1$ $(\psi < 0)$이라면, k_t가 증가하면 노동의 몫은 증가할 것이다.

(4) ① Solow 성장모형의 자본축적방정식은 아래와 같다.

$$\dot{k_t} = sf(k_t) - (n+g+\delta)k_t$$
$$= s[\alpha k_t^{\psi} + (1-\alpha)]^{1/\psi} - (n+g+\delta)k_t$$

유효노동력당 자본량의 증가율은 다음과 같이 쓸 수 있다.

$$\frac{\dot{k_t}}{k_t} = s\frac{f(k_t)}{k_t} - (n+g+\delta)$$
$$= s[\alpha + (1-\alpha)k_t^{-\psi}]^{1/\psi} - (n+g+\delta)$$

여기서, $\dfrac{d\,f(k_t)/k_t}{dk_t} < 0$이므로 $s\dfrac{f(k_t)}{k_t}$는 우하향하는 곡선이다.

만약 $\sigma > 1$인 경우, CES 생산함수의 균형성장경로는 다음과 같다. 자본축적량이 무한에 가까워지면 자본의 평균생산은 양의 상숫값에 수렴한다.

$$\lim_{k \to \infty}[f(k)/k] = \lim_{k \to \infty}[\alpha k_t^{\psi} + (1-\alpha)]^{1/\psi}k^{-1}$$

$$= \lim_{k \to \infty}[\alpha + (1-\alpha)k_t^{-\psi}]^{1/\psi}$$

$$= \alpha^{1/\psi}$$

자본축적이 무한으로 갈 때, 유효노동력당 자본량의 증가율을 다음과 같이 쓸 수 있다.

$$\lim_{k \to \infty}\frac{\dot{k_t}}{k_t} = s\alpha^{1/\psi} - (n+g+\delta)$$

만약 저축률이 매우 높아서 $s\alpha^{1/\psi} > n+g+\delta$이 성립한다면, 다음의 <그림 2-4>와 같은 그래프를 그릴 수 있다. 즉, k가 증가함에 따라 $s\frac{f(k)}{k}$가 $s\alpha^{1/\psi}$로 수렴하기 때문에 균제상태에서도 $\frac{\dot{k_t}}{k_t} = s\alpha^{1/\psi} - (n+g+\delta) > 0$의 성장률을 유지할 수 있다.

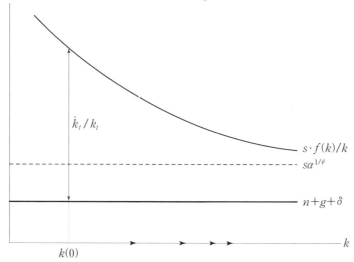

〈그림 2-4〉 $\sigma > 1$이고 $s\alpha^{1/\psi} > n+g+\delta$인 경제에서의 영구적인 성장

따라서 σ가 큰 경우, 즉 노동과 자본의 대체탄력성이 큰 경우 자본의 한계생산이 감소하여도 노동과 자본의 대체가 쉽게 이루어지기 때문에 자본의 한계생산 체감을 상쇄시키고 지속 가능한 경제성장을 이룰 수 있다.

05

(1) CES 생산함수가 다음과 같이 주어졌다.

$$Y_t = [\alpha(A_t^K K_t)^\rho + (1-\alpha)(A_t^L L_t)^\rho]^{1/\rho}, \quad 0 < \alpha < 1, \; \rho < 1, \; \rho = \frac{\sigma-1}{\sigma}$$

임금(노동의 한계생산물):

$$w_t \equiv MPL = \frac{\partial Y_t}{\partial L_t}$$

$$= \frac{1}{\rho}[\alpha(A_t^K K_t)^\rho + (1-\alpha)(A_t^L L_t)^\rho]^{1/\rho-1}(1-\alpha)(A_t^L)^\rho \rho (L_t)^{\rho-1}$$

$$= (1-\alpha)(A_t^L)^\rho L_t^{\rho-1} Y_t^{1-\rho}$$

$$= (1-\alpha)(A_t^L)^\rho \left(\frac{Y_t}{L_t}\right)^{1-\rho}$$

$$\therefore w_t \equiv (1-\alpha)(A_t^L)^\rho \left(\frac{Y_t}{L_t}\right)^{1-\rho}$$

(i) $\dfrac{\partial w_t}{\partial (Y_t/L_t)} = (1-\rho)(1-\alpha)(A_t^L)^\rho \left(\dfrac{Y_t}{L_t}\right)^{-\rho} > 0$: 임금과 Y/L은 양의 관계

(ii) w_t의 증가율을 구하면,

$$\frac{\dot{w}_t}{w_t} = \rho \frac{\dot{A}_t^L}{A_t^L} + (1-\rho)\frac{(\dot{Y_t/L_t})}{(Y_t/L_t)}$$

여기서 $\dfrac{\dot{A}_t^L}{A_t^L} = 0$인 경우를 고려해 보면, σ의 값에 따라 다음 관계를 얻는다.

$0 < \sigma < 1\ (\rho < 0)$: 임금의 증가율이 평균노동생산성의 증가율보다 크다.

$\sigma = 1\ (\rho = 0)$: 임금의 증가율이 평균노동생산성의 증가율과 같다.

$\sigma > 1\ (\rho > 0)$: 임금의 증가율이 평균노동생산성의 증가율보다 작다.

(2) 노동소득의 상대적 분배율을 도출하면,

노동소득분배율: $\dfrac{wL}{Y} = \dfrac{MPL \times L_t}{Y_t} = \dfrac{(1-\alpha)(A_t^L)^\rho (Y_t/L_t)^{1-\rho} L_t}{Y_t}$

$$= (1-\alpha)(A_t^L)^\rho (L_t/Y_t)^\rho$$

자본소득분배율: $\dfrac{rK}{Y} = \dfrac{MPK \times K_t}{Y_t} = \alpha(A_t^K)^\rho (K_t/Y_t)^\rho$

$\therefore$ 노동소득의 상대적 분배율: $\dfrac{rK}{wL} = \dfrac{\alpha(A_t^K)^\rho(K_t/Y_t)^\rho}{(1-\alpha)(A_t^L)^\rho(L_t/Y_t)^\rho}$

$$= \dfrac{\alpha}{1-\alpha}\left(\dfrac{A_t^K K_t}{A_t^L L_t}\right)^{\frac{\sigma-1}{\sigma}}$$

자본축적에 따른 노동소득의 상대적 분배율의 변화를 알아보자.

$$\dfrac{\partial(rK/wL)}{\partial(K/L)} = \dfrac{\sigma-1}{\sigma}\dfrac{\alpha}{1-\alpha}\left(\dfrac{A_t^K}{A_t^L}\right)^{\frac{\sigma-1}{\sigma}}\left(\dfrac{K_t}{L_t}\right)^{-\frac{1}{\sigma}}$$

$\therefore$ $\sigma > 1$이면 자본축적(자본－노동 비율의 증가)은 노동소득의 상대적 분배율을 악화시킨다. $\sigma > 1$이면 주어진 기술 수준에서 자본축적(K/L)이 증가하면서 자본가격(임대료)이 임금보다 상대적으로 하락할 때, 자본－노동의 상대적 수요가 큰 비율로 증가하는 경우이다. 따라서 전체 생산에서 자본의 상대적 수요가 늘어나고 노동의 몫은 감소한다.

(3) $\sigma < 1$일 때, 노동증대형 기술진보가 노동분배를 악화시킨다. 이때, 유효노동력이 증가하면(상대적으로 노동수요를 증가시켜 균형을 맞추기 위한) 노동－자본가격 비율의 하락 폭이 크기 때문에 노동 전체의 몫이 작아진다.

$$\dfrac{\partial(rK/wL)}{\partial(A_t^K/A_t^L)} = \dfrac{\sigma-1}{\sigma}\dfrac{\alpha}{1-\alpha}\left(\dfrac{A_t^K}{A_t^L}\dfrac{K_t}{L_t}\right)^{-\frac{1}{\sigma}}\left(\dfrac{K_t}{L_t}\right)$$

$\therefore$ $\sigma > 1$이면 노동증대형 기술진보가 빠를 때, 즉 A_t^L/A_t^K가 증가할 때 노동 분배는 악화한다.

06

(1) 솔로우 성장모형은 파라미터(s, n, g)가 비슷한 국가 간에 시간이 가면서 일인 당 소득 차이가 점점 줄어드는 조건부 수렴 현상이 발생할 것으로 예측한다. 조건부 수렴 현상이 성립하는지를 1980~2020년의 국가 간(cross−country) 자료를 이용하여 회귀분석(regression)으로 검증하려 한다면 종속변수와 독립 변수(설명변수)를 정해야 한다. 종속변수는 1980~2020년의 평균 일인당 GDP 성장률을 사용한다. 평균 일인당 GDP 성장률은 2020년 평균 일인당 GDP의 로그값과 1980년의 일인당 GDP의 로그값의 차이를 40으로 나눈 것과 대략 같다. 독립변수는 1980년의 일인당 GDP를 포함하여 저축률(투자율), 인구증 가율이 포함되어야 한다. 보통 일인당 GDP의 로그값을 변수로 넣는다. 국가 간 기술진보율의 차이를 측정하기는 쉽지 않지만 연구개발투자(R&D)의 GDP 대비 비율이 하나의 지표가 될 수 있다. 회귀분석에서는 저축률, 인구증가율의 내생성(endogeneity)이 추정에서 편의(bias)를 가져올 수 있으므로 내생성을 조정하는 것이 중요하다.

(2) 아래와 같은 회귀방정식에서 추정한다고 하자.

$$d\ln y_t / dt = -\beta \ln y_t + (저축률, 인구증가율, 기술진보율, \cdots)$$

수렴속도 β는 일인당 (유효노동력당) 소득의 로그값이 한 단위 증가할 때 얼마나 일인당 (유효노동력당) 소득의 증가율이 변화하는지를 보여준다.

$$\frac{d(d\ln y_t / dt)}{d\ln y_t} = -\beta$$

솔로우 모형에서 수렴속도를 구해보자.
자본축적식 $\dot{k}_t = sf(k_t) - (n+g+\delta)k_t$에서 콥−더글러스 생산함수를 가정하고 $\log k_t$를 사용하여 다음과 같이 고쳐 쓸 수 있다.

$$\dot{k_t} = sk^{\alpha} - (n+g+\delta)k_t$$

$$\frac{\dot{k_t}}{k_t} = sk^{\alpha-1} - (n+g+\delta)$$

$$\frac{d\ln k_t}{dt} = se^{(\alpha-1)\ln k_t} - (n+g+\delta)$$

위 식에서 우변을 균제상태 근방에서 테일러 전개하면 아래와 같은 식을 얻는다.

$$\frac{d\ln k_t}{dt} = -\beta(\ln k_t - \ln k^*), \quad \beta = (1-\alpha)(n+g+\delta)$$

위 식을 $\ln k_t$에 대해 미분하면,

$$\frac{d(d\ln k_t/dt)}{d\ln k_t} = -\beta$$

$\frac{\dot{y_t}}{y_t} = \alpha \frac{\dot{k_t}}{k_t}$ 이므로 일인당 소득의 수렴속도는 일인당 자본의 수렴속도와 같다.

$$\frac{d(d\ln y_t/dt)}{d\ln y_t} = -\beta$$

신고전파 최적
성장모형

DYNAMIC MACROECONOMICS
GROWTH AND FLUCTUATIONS

신고전파 최적 성장모형

01

(1) 현재 시점 $t=0$에서 사회 전체를 대표하는 소비자의 효용이 아래와 같다.

$$\int_0^\infty e^{-\rho t} U(c_t)\ L_t\ dt = \int_0^\infty e^{-\rho t} U(c_t)\ L_o e^{nt}\ dt$$

위의 효용함수를 이산적 모형으로 바꾸면,

$$U(c_0)L_0 + \frac{(1+n)\,U(c_1)L_0}{(1+\rho)} + \frac{(1+n)^2\,U(c_2)L_0}{(1+\rho)^2} + \frac{(1+n)^3\,U(c_3)L_0}{(1+\rho)^3} + \cdots$$

$$+ \lim_{t \to \infty} \frac{(1+n)^t\,U(c_t)L_0}{(1+\rho)^t} = \sum_{t=0}^{\infty} \frac{(1+n)^t\,U(c_t)L_0}{(1+\rho)^t}$$

(2) ρ는 시간 선호율로, 미래소비의 효용을 현재가치로 할인할 때 사용한다. $\rho > 0$는 현재를 미래보다 더 선호한다는 것이고, 이는 현재 소비로부터 오는 효용이 미래의 것보다 더 큰 것을 의미한다.

$\rho > n$이어야 하는 이유는 다음과 같다. 만약 $\rho < n$이면, 가구원의 수(인구)가 증가하는 속도가 할인율보다 높아서 미래 소비의 효용을 할인하더라도 가구원의 수 증가만으로도 총효용(효용의 현재가치 합계)이 계속하여 높아지는 상황이 된다. 이 경우는 시간이 갈수록 자녀의 수가 계속 늘면, 효용이 계속 커져서 효용 극대화를 하는 소비 수준을 결정하는 의미가 없어진다. $\rho > n$로 가정한다는 것은 대표 가계의 입장에서 현재 소비를 통한 효용의

크기가 가구원 수가 증가한 것을 고려한 미래(세대)의 소비에서 얻을 수 있는 효용의 현재가치보다 커야 한다는 것이다.

(3) t기 소비자의 예산제약을 금융자산의 변화로 나타내면,

$$\dot{B_t} = w_t L_t + r_t B_t - c_t L_t$$

위 식을 일인당 금융자산의 변화로 고쳐서 나타내보자. 이때 다음 식을 참조한다.

$$\dot{b_t} = \frac{db_t}{dt} = \frac{d(B_t/L_t)}{dt} = \frac{1}{L_t^2}\left[\frac{dB_t}{dt}L_t - B_t\frac{dL_t}{dt}\right] = \frac{1}{L_t^2}\left[\dot{B_t}L_t - B_t\dot{L_t}\right] = \frac{\dot{B_t}}{L_t} + nb_t$$

$$\Rightarrow \dot{b_t} = \frac{w_t L_t + r_t B_t - c_t L_t}{L_t} - b_t n$$

$$\Rightarrow \dot{b_t} = w_t + r_t b_t - c_t - nb_t = w_t + (r_t - n)b_t - c_t$$

$$\therefore \dot{b_t} = w_t + (r_t - n)b_t - c_t$$

(4) 무한 기(마지막 기)에 가계가 빚을 남길 수 없다는 조건을 노폰지 게임 (no-Ponzi game) 조건이라고 한다. 이 조건은 마지막 기 자산의 현재가치가 0보다 크거나 같아야 한다는 다음의 식으로 표현된다.

$$\lim_{t \to \infty} B_t e^{-\int_0^t r_v dv} \geq 0$$

만약 마지막 기에 부채를 남길 수 있다면, 효용 극대화를 하기 위해 무한대로 빌려서 소비를 할 것이다.

(5) 동태적 최적화 문제는 아래와 같다.

$$Max \int_o^\infty e^{-(\rho-n)t} u(c_t) L_0 dt$$
$$s.t. \dot{b_t} = w_t + (r_t - n)b_t - c_t$$

해밀토니언 함수를 구성하면,

$$H = e^{-(\rho-n)t} u(c_t) L_o + \lambda_t [w_t + (r_t - n)b_t - c_t]$$

최적화의 1계 조건을 구하면,

i) $\dfrac{\partial H}{\partial c_t} = 0 \Leftrightarrow e^{-(\rho-n)t} u'(c_t) L_0 - \lambda_t = 0$ ┄┄┄┄┄┄┄┄┄┄┄┄┄ ①

ii) $\dfrac{\partial H}{\partial b_t} = -\dot{\lambda_t} \Leftrightarrow \lambda_t (r_t - n) = -\dot{\lambda_t}$ ┄┄┄┄┄┄┄┄┄┄┄┄┄┄ ②

iii) $\dfrac{\partial H}{\partial \lambda_t} = \dot{b_t} \Leftrightarrow \dot{b_t} = w_t + (r_t - n)b_t - c_t$ ┄┄┄┄┄┄┄┄┄┄ ③

횡단조건(TVC): 무한기로 가면서 b_t의 잠재가격(의 현재가치)가 0이어야 한다.

$$\lim_{t \to \infty} \lambda_t b_t = 0$$ ┄┄┄┄┄┄┄┄┄┄┄┄┄┄┄┄┄┄┄┄┄┄┄┄┄┄┄ ④

이 조건이 만족하지 않으면 소비자는 무한기로 가면서 b_t(또는 b_t의 현재가치)를 음수로 하면서 소비를 계속 늘려서 효용을 극대화할 수 있다.

① 식을 자연로그를 취하고 t로 미분
$$\ln u'(c_t) - (\rho - n)t = \ln \lambda_t$$
$$\dfrac{u''(c_t)\dot{c_t}}{u'(c_t)} - (\rho - n) = \dfrac{\dot{\lambda_t}}{\lambda_t}$$ ┄┄┄┄┄┄┄┄┄┄┄┄┄┄┄┄┄┄┄ ①'

①'식을 ②에 대입하여 정리하면,

$$\frac{\dot{\lambda}_t}{\lambda_t} = \frac{u''(c_t)\dot{c}_t}{u'(c_t)} - (\rho - n) = -r_t + n$$

$$\Rightarrow \dot{c}_t = -\frac{u'(c_t)}{u''(c_t)}(r_t - \rho)$$

c와 b의 변화식을 다음과 같이 쓸 수 있다.

$$\frac{\dot{c}_t}{c_t} = -\frac{u'(c_t)}{u''(c_t)c_t}(r_t - \rho)$$

$$= \frac{1}{\theta}(r_t - \rho) \quad (단, \ \theta \equiv -\frac{u''(c_t)c_t}{u'(c_t)} > 0)$$

$$\dot{b}_t = w_t + (r_t - n)b_t - c_t$$

이제 c와 b의 성장률의 시간에 따른 변화를 구해보자. 만약, $b_0 > 0$으로 그림과 같이 주어진다면, 안장경로(saddle path)를 따라 아래 그림처럼 균제상태로 간다.

〈그림 3-1〉 c_t와 b_t의 위상도

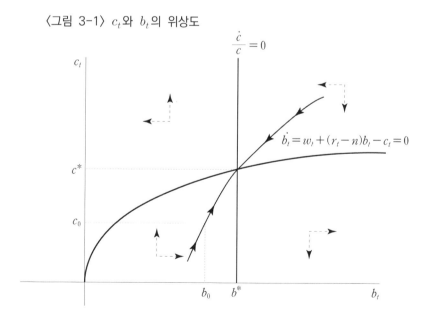

이 모형에서 b가 시간이 가면서 증가할 때 c와 b의 성장률이 어떻게 변화하는지 알아보자.

(i) $\dfrac{d}{db_t}\left(\dfrac{\dot{c}_t}{c_t}\right) = \dfrac{d}{db_t}\left[\dfrac{1}{\theta}(r_t - \rho)\right]$

$\qquad\qquad = \dfrac{d}{db_t}\left[\dfrac{1}{\theta}(r_t - \delta - \rho)\right]$

$\qquad\qquad = \dfrac{1}{\theta}\dfrac{dr_t}{db_t}$

b의 증가에 따라 실질이자율이 감소하면, c_t의 증가율은 감소한다.

(ii) $\dfrac{d}{db_t}\left(\dfrac{\dot{b}_t}{b_t}\right) = \dfrac{d}{db_t}\left[\dfrac{w_t}{b_t} + (r_t - n) - \dfrac{c_t}{b_t}\right]$

$\qquad\qquad = \dfrac{1}{b_t^2}\left(\dfrac{dw_t}{db_t}b_t - w_t\right) + \dfrac{dr_t}{db_t} - \dfrac{1}{b_t^2}\left(\dfrac{dc_t}{db_t}b_t - c_t\right)$

위의 미분 값의 부호를 정확하게 알 수 없다. 단, $\dfrac{dw_t}{db_t} > 0$, $\dfrac{dc_t}{db_t} > 0$.

02

(1) 소비자 겸 생산자의 제약조건인 자본축적식은 다음과 같다.

$\dot{K}_t = F(K_t, L_t) - C_t - \delta K_t$
$\quad = AK_t^\alpha L_t^{1-\alpha} - C_t - \delta K_t$

이것을 일인당 자본의 축적식으로 바꾸기 위해 양변을 L_t로 나누고 아래 식을 이용하여 고쳐 쓴다.

$\dfrac{dk_t}{dt} = \dfrac{d[K_t/L_t]}{dt} = \dfrac{1}{L_t^2}\left[\dfrac{dK_t}{dt}L_t - K_t\dfrac{dL_t}{dt}\right] = \dfrac{\dot{K}_t}{L_t} - nk_t$

$\Rightarrow \dot{k}_t = k_t^\alpha - c_t - (n+\delta)k_t$

최적 제어이론을 이용하여 문제를 풀어 보자.

① 해밀토니언을 구성하면

$$H = e^{-\rho t}(\ln c_t)L_t + \lambda_t\left[k_t^\alpha - c_t - (n+\delta)k_t\right]$$

$$= e^{-(\rho-n)t}(\ln c_t) + \lambda_t\left[k_t^\alpha - c_t - (n+\delta)k_t\right]$$

② 1계 조건

i) $\dfrac{\partial H_t}{\partial c_t} = 0 \Leftrightarrow \dfrac{1}{c_t}e^{-(\rho-n)t} - \lambda_t = 0$

ii) $\dfrac{\partial H_t}{\partial k_t} = -\dot{\lambda}_t \Leftrightarrow [\alpha k_t^{\alpha-1} - (n+\delta)]\lambda_t = -\dot{\lambda}_t$

iii) $\dfrac{\partial H_t}{\partial \lambda_t} = \dot{k}_t \Leftrightarrow k_t^\alpha - c_t - (n+\delta)k_t = \dot{k}_t$

③ 횡단조건(TVC): 무한기로 가면서 k_t의 잠재가격(의 현재가치)가 0이어야 한다.

$$\lim_{t\to\infty} k_t\lambda_t = 0$$

(2) 1계 조건들로부터 c와 k의 성장률의 변화식을 구해보자.

① c의 성장률: i) 식에 자연로그를 취한 후 t로 미분

$$\ln\frac{1}{c_t}e^{-(\rho-n)t} = \ln\lambda_t$$

$$\ln c_t^{-1} + \ln e^{-(\rho-n)t} = \ln\lambda_t$$

$$-\ln c_t - (\rho-n)t = \ln\lambda_t$$

t로 미분하면,

$$-\frac{\dot{c_t}}{c_t} - (\rho - n) = \frac{\dot{\lambda_t}}{\lambda_t}$$

위의 식을 ii) 식에 대입하여, λ_t를 소거한다.

$$\frac{\dot{c_t}}{c_t} + (\rho - n) = \alpha k_t^{\alpha-1} - (n + \delta)$$

$$\Rightarrow \frac{\dot{c_t}}{c_t} = \alpha k_t^{\alpha-1} - \delta - \rho$$

② k의 성장률: iii)의 자본축적식에서 구한다.

$$k_t^{\alpha} - c_t - (n + \delta)k_t = \dot{k_t}$$

$$\Rightarrow \frac{\dot{k_t}}{k_t} = k_t^{\alpha-1} - \frac{c_t}{k_t} - (n + \delta)$$

③ 자본량이 증가함에 따라 c와 k가 어떻게 변화하는지 알아보자.

$$\frac{d(\dot{c_t}/c_t)}{dk_t} = \frac{d}{dk_t}(\alpha k_t^{\alpha-1} - \delta - \rho)$$

$$= \alpha(\alpha-1)k_t^{\alpha-2} < 0 \quad (0 < \alpha < 1)$$

자본량이 증가하면서 c의 성장률은 감소한다.

④ $\dfrac{d(\dot{k_t}/k_t)}{dk_t} = (\alpha-1)k_t - \left(\dfrac{\partial c_t}{\partial k_t}\dfrac{1}{k_t} - c_t\dfrac{1}{k_t^2}\right)$

k의 증가에 따른 k의 성장률 변화는 $\dfrac{\partial(c_t/k_t)}{\partial k_t}$에 따라 달라진다. 만일

$\dfrac{\partial(c_t/k_t)}{\partial k_t} > 0$이면 k의 성장률은 감소한다. $\dfrac{\partial(c_t/k_t)}{\partial k_t} < 0$이면 알 수 없다.

(3) 균제상태에서 $\dot{k}_t = 0$, $\dot{c}_t = 0$이다. 일인당 자본량(k)의 일인당 소득(y)의 값
과 성장률을 구해보자.

$$\frac{\dot{c}_t}{c_t} = \alpha k_t^{\alpha-1} - \delta - \rho = 0$$

$$k_t^{\alpha-1} = \frac{\delta+\rho}{\alpha}$$

$$\Rightarrow k^* = \left(\frac{\alpha}{\delta+\rho}\right)^{\frac{1}{1-\alpha}}$$

$$\dot{k}_t = k_t^{\alpha} - c_t - (n+\delta)k_t = 0$$

$$c_t^* = k_t^{*\alpha} - (n+\delta)k_t^*$$

$$\Rightarrow c^* = \left(\frac{\alpha}{\delta+\rho}\right)^{\frac{\alpha}{1-\alpha}} - (n+\delta)\left(\frac{\alpha}{\delta+\rho}\right)^{\frac{1}{1-\alpha}}$$

$$y^* = f(k^*) = k^{*\alpha} = \left(\frac{\alpha}{\delta+\rho}\right)^{\frac{\alpha}{1-\alpha}}$$

균제상태에서 $\dot{k}_t = 0$ 이므로, $\frac{\dot{k}_t}{k_t} = 0$이다.

이때 y의 성장률은 $\frac{\dot{y}_t}{y_t} = \alpha \frac{\dot{k}_t}{k_t} = 0$이다.

즉, k와 y의 경제성장률은 0이다.

03

(1) 최적화 문제는 다음과 같다.

$$Max \int_0^\infty \frac{c_t^{1-\theta}}{1-\theta} e^{-(\rho-n)t} dt$$

s.t. $\dot{k}_t = Ak_t^\alpha - c_t - (n+\delta)k_t$

해밀토니언 함수를 설정하면,

$$H = \frac{c_t^{1-\theta}}{1-\theta}e^{-(\rho-n)t} + \lambda_t[Ak_t^\alpha - c_t - (n+\delta)k_t]$$

최적화 1계 조건은 다음과 같다.

$\dfrac{\partial H}{\partial c_t} = 0 \;\Leftrightarrow\; e^{-(\rho-n)t}c_t^{-\theta} - \lambda_t = 0$ ··· ①

$\dfrac{\partial H}{\partial k_t} = -\dot{\lambda}_t \Leftrightarrow \lambda_t[A\alpha k_t^{\alpha-1} - (\delta+n)] = -\dot{\lambda}_t$ ································· ②

$\dfrac{\partial H}{\partial \lambda_t} = \dot{k}_t \Leftrightarrow \dot{k}_t = Ak_t^\alpha - c_t - (n+\delta)k_t$ ································ ③

횡단조건(TVC): $\lim\limits_{t\to\infty} \lambda_t k_t = 0$ ·· ④

여기서 TVC의 의미는 k_t와 λ_t 중의 하나는 무한기에서 0의 값을 가져야 한다는 것이다. $\lambda_t = 0$은 무한기에 자본의 잠재가격(의 현재가치)이 0이어야한다는 것을 의미한다.

(2) k_t와 c_t의 변화식을 도출해 보자. ①식에서 자연로그를 취하고 시간(t)에 대해 미분하면,

$$-(\rho-n)t - \theta\ln c_t = \ln\lambda_t$$

$-\theta\dfrac{\dot{c}_t}{c_t} - (\rho-n) = \dfrac{\dot{\lambda}_t}{\lambda_t}$ ··· ①′

①'식을 ②식에 대입,

$$\theta\frac{\dot{c_t}}{c_t}+(\rho-n)=A\alpha k_t^{\alpha-1}-(n+\delta)$$

이를 정리하면,

$$\frac{\dot{c_t}}{c_t}=\frac{1}{\theta}[A\alpha k_t^{\alpha-1}-\rho-\delta]$$

$$\dot{k_t}=Ak_t^{\alpha}-c_t-(n+\delta)k_t$$

균제상태에서의 c_t와 k_t의 값을 구해보자.
$\dot{c_t}=0$, $\dot{k_t}=0$을 이용한다.

$$\frac{\dot{c_t}}{c_t}=\frac{1}{\theta}[A\alpha k_t^{\alpha-1}-\rho-\delta]=0$$

$$A\alpha k^{\alpha-1}=\rho+\delta$$

$$\therefore\ k^{*}=\left(\frac{A\alpha}{\rho+\delta}\right)^{\frac{1}{1-\alpha}}$$

$$\dot{k_t}=Ak_t^{\alpha}-(n+\delta)k_t-c_t=0$$

$$\Rightarrow c_t=Ak_t^{\alpha}-(n+\delta)k_t$$

$$\Rightarrow c^{*}=\left(\frac{A\alpha}{\rho+\delta}\right)^{\frac{\alpha}{1-\alpha}}-(n+\delta)\left(\frac{A\alpha}{\rho+\delta}\right)^{\frac{1}{1-\alpha}}$$

(3) 위상도를 그리면 다음 그림과 같다.

〈그림 3-2〉 c_t와 k_t의 위상도

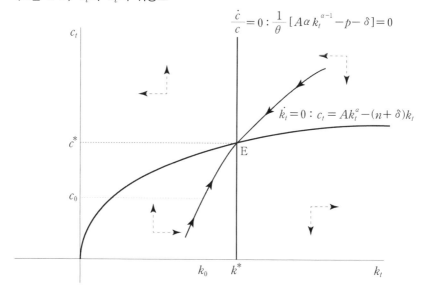

만약 어느 경제가 c_0와 k_0에 있다면, 소비와 자본량이 증가하면서, c^*와 k^*로 가는 유일한 안장 경로를 따라서 균제상태인 E점으로 수렴하게 된다. 만일 초기 소비가 c_0의 값보다 더 크면 경제는 안장 경로를 벗어나 점점 위로 가면서 결국, k는 점차 줄어들어 $k_t = 0$이 되는 수직축에 도달한다. 이 경우 생산이 0이 되고 따라서 소비도 0이 되어 수직축을 따라 $k_t = c_t = 0$인 원점으로 추락한다. 이는 소비를 균등하게 하여 무한 기에 걸친 효용의 현재가치 합계를 극대화하는 최적화의 경로가 아니다.

(4) 정부가 개입하기 때문에, $\dot{c} = 0, \dot{k} = 0$선에 변화가 생긴다. 투자 결정식인 이윤극대화조건을 보면, $f'(k) - \delta = r$이다. 투자보조금은 투자비용을 낮추거나 투자의 한계생산물(MPK)을 높여 준다. 즉, $f'(k) - \delta = r(1 - s)$으로 변화하며 이는 $r = (1 + s)[f'(k)] - \delta$로 고쳐 쓸 수 있다(단, s는 보조금 비율, $s > 0$; 로그선형화를 하면 $(1 + s) \approx (1 - s)^{-1}$임). 정액세(lump-sum tax)가 $\tau_t > 0$로 주어졌다면 새로운 c_t의 k_t의 변화식은 다음과 같다.

$$\frac{\dot{c_t}}{c_t} = \frac{1}{\theta}[(1+s)A\alpha k_t^{\alpha-1} - \rho - \delta]$$

$$\dot{k_t} = Ak_t^{\alpha} - c_t - (n+\delta)k_t - \tau_t$$

따라서 <그림 3-3>에서처럼 MPK를 늘리는 보조금은 $\dot{c}/c = 0$을 오른쪽으로 이동시키고 lump-sum tax에 의해 $\dot{k} = 0$ 선은 아래로 이동한 새로운 위상도를 따라 이 경제가 움직이게 된다. 따라서, c_t가 즉각 줄어 A점으로 이동하고, k_t는 증가하면서 새로운 균제상태로 점점 이동한다.

〈그림 3-3〉 투자 보조금의 효과

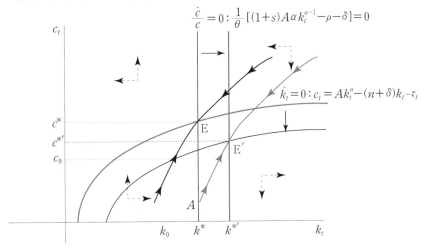

04

─────────────────────────────

(1) 대표 가계 효용함수는 다음과 같이 유효노동력당 소비로 고쳐 쓸 수 있다. (초기 기술수준 $A_0 = 1$로 주어졌고 초기 노동력(인구)은 L_0를 가정)

$$\int_0^\infty e^{-\rho t}(\ln c_t A_t)L_0 e^{nt}dt = \int_0^\infty e^{-(\rho-n)t}(\ln c_t + \ln A_t)L_0\,dt$$

$$= \int_0^\infty e^{-(\rho-n)t}(\ln c_t + \ln A_0 e^{gt})L_0\,dt$$

$$= \int_0^\infty e^{-(\rho-n)t}(\ln c_t + gt)L_0\,dt$$

생산함수를 유효노동력당 자본으로 고쳐 쓰면,

$$\dot{K_t} = Y_t - C_t - \delta K_t$$

$$\Rightarrow \dot{k_t} = k_t^\alpha - c_t - (n+g+\delta)k_t$$

$$\left(\frac{dk_t}{dt} = \frac{d(k_t/A_tL_t)}{dt} = \frac{1}{(A_tL_t)^2}\left[\frac{dK_t}{dt}(A_tL_t) - \frac{d(A_tL_t)}{dt}K_t\right] = \frac{\dot{K_t}}{A_tL_t} - (n+g)k_t\right.$$

을 이용하였음)

최적화 문제를 풀기 위해 해밀토니언 함수를 구성한다.

$$H = e^{-(\rho-n)t}(\ln c_t + gt)L_0 + \lambda\left[k_t^\alpha - c_t - (n+g+\delta)k_t\right]$$

1계 조건:

$$\frac{\partial H}{\partial c_t} = 0 \quad\Leftrightarrow\quad \frac{1}{c_t}e^{-(\rho-n)t}L_0 - \lambda_t = 0 \quad\cdots\cdots\cdots\cdots\cdots\cdots ①$$

$$\frac{\partial H}{\partial k_t} = -\dot{\lambda_t} \quad\Leftrightarrow\quad \lambda_t[\alpha k_t^{\alpha-1} - (n+g+\delta)] = -\dot{\lambda_t} \quad\cdots\cdots\cdots\cdots ②$$

$$\frac{\partial H}{\partial \lambda_t} = \dot{k_t} \quad\Leftrightarrow\quad k_t^\alpha - c_t - (n+g+\delta)k_t = \dot{k_t} \quad\cdots\cdots\cdots\cdots\cdots ③$$

횡단조건:

$$\lim_{t \to \infty} \lambda_t k_t = 0 \quad \cdots\cdots\cdots\cdots\cdots\cdots\cdots\cdots\cdots\cdots\cdots\cdots\cdots\cdots\cdots\cdots\cdots\cdots ④$$

①에 자연로그를 취하고 시간(t)으로 미분하여 정리하면,

$$\frac{\dot{c_t}}{c_t} + (\rho - n) = -\frac{\dot{\lambda_t}}{\lambda_t} \quad \cdots\cdots\cdots\cdots\cdots\cdots\cdots\cdots\cdots\cdots\cdots\cdots\cdots\cdots\cdots ①'$$

①'을 ②에 대입하면,

$$\frac{\dot{c_t}}{c_t} + (\rho - n) = \alpha k_t^{\alpha - 1} - (n + g + \delta)$$

위 식을 정리하면, 유효노동력당 소비의 변화는 다음과 같다.

$$\frac{\dot{c_t}}{c_t} = \alpha k_t^{\alpha - 1} - \delta - \rho - g$$

유효노동력당 자본량의 변화는 다음과 같다.

$$\dot{k_t} = k_t^{\alpha} - c_t - (n + g + \delta)k_t$$

유효노동력당 자본량의 변화에 따른 k와 c의 성장률을 알아보면,

$$\frac{d}{dk_t}\left(\frac{\dot{c_t}}{c_t}\right) = \frac{d}{dk_t}\left(ak_t^{\alpha - 1} - \delta - \rho - g\right)$$
$$= \alpha(\alpha - 1)k_t^{\alpha - 2} < 0$$

자본의 한계생산물이 감소하여, c의 성장률은 k가 증가함에 따라 감소한다.

$$\frac{d}{dk_t}\left(\frac{\dot{k}_t}{k_t}\right) = \frac{d}{dk_t}\left[k_t^{\alpha-1} - \frac{c_t}{k_t} - (n+g+\delta)\right]$$

$$= (\alpha-1)k_t^{\alpha-2} - \left(\frac{dc_t}{dk_t}\frac{1}{k_t} - \frac{c_t}{k_t^2}\right)$$

k의 증가에 따라 우변의 첫 번째 항은 항상 음수이지만, 두 번째 항 $(-\frac{\partial(c_t/k_t)}{\partial k_t})$의 부호는 알 수 없다.

따라서, k의 성장률 변화는 $-\frac{\partial(c_t/k_t)}{\partial k_t}$에 따라 달라진다.

만일 $\frac{\partial((y_t-c_t)/k_t)}{\partial k_t} = \frac{\partial[(s_t/f(k_t))\times(f(k_t)/k_t)]}{\partial k_t}$가 0보다 적은 경우이면 k가 증가함에 따라 k의 성장률은 하락한다.

따라서 저축률과 자본의 평균생산물이 k가 증가함에 따라 어떻게 변화하느냐가 중요하다.

(2) 균제상태에서 $\dot{k}_t = 0$이고, $\dot{c}_t = 0$이다.

$$\frac{\dot{c}_t}{c_t} = 0 = \alpha k_t^{\alpha-1} - \delta - \rho - g$$

$$\therefore k^* = \left(\frac{\alpha}{\delta+\rho+g}\right)^{\frac{1}{1-\alpha}}$$

$$\dot{k}_t = 0 = k_t^{\alpha} - c_t - (n+g+\delta)k_t$$

$$\therefore c^* = \left(\frac{\alpha}{\delta+\rho+g}\right)^{\frac{\alpha}{1-\alpha}} - (n+g+\delta)\left(\frac{\alpha}{\delta+\rho+g}\right)^{\frac{1}{1-\alpha}}$$

균제상태에서 유효노동력당 소비와 자본량의 성장률은 0이다. 일인당 소비와 자본량의 성장률을 구해보자.

$$c_t = \frac{C_t}{A_t} \implies \frac{d\ln C_t}{dt} = \frac{d\ln(c_t A_t)}{dt} = \frac{\dot{c}_t}{c_t} + \frac{\dot{A}_t}{A_t} = g$$

$$k_t = \frac{K_t}{A_t L_t} \implies \frac{d\ln(K_t/L_t)}{dt} = \frac{d\ln(k_t A_t)}{dt} = \frac{\dot{k}_t}{k_t} + \frac{\dot{A}_t}{A_t} = g$$

균제상태에서 실질이자율의 값은

$$r^* = f'(k^*) - \delta = \alpha k^{*\,\alpha-1} - \delta$$
$$= \alpha \left[\left(\frac{\alpha}{\delta+\rho+g} \right)^{\frac{1}{1-\alpha}} \right]^{\alpha-1} - \delta$$
$$= \delta + \rho + g - \delta = \rho + g$$

(3) 수정 황금률은 무한기에 걸친 효용의 현재가치 합계가 극대화되는 자본축 적량으로 Ramsey-Cass-Koopmans 모형은 균제상태의 자본량이 이를 항상 만족한다.

황금률을 만족하는 균제상태의 자본량을 구해보자.

$$\underset{k_t}{Max}\ c^* = k_t^{\alpha} - (n+g+\delta)k_t^*$$

1계 조건:

$$\alpha k_t^{\alpha-1} - (n+g+\delta) = 0$$

$$\therefore,\ k^G = \left(\frac{\alpha}{n+g+\delta} \right)^{\frac{1}{1-\alpha}}$$

(2)에서 구한 수정 황금률은 만족하는 $k^* = \left(\frac{\alpha}{\delta+\rho+g} \right)^{\frac{1}{1-\alpha}}$ 와 비교해 보자.

경계값 조건(boundary condition) $\rho > n$에 의하면, $k^* < k^G$이다. 즉,

$f'(k*) > f'(k^G)$이므로, $k* < k^G$이고, $c* < c^G$이다.

가계가 미래소비보다는 현재 소비에 더 높은 가치를 주기 때문에, 황금률보다 낮은 수준의 수정 황금률을 만족하는 자본량으로 균제상태로 가면서 수렴한다.

(4) 위상도는 <그림 3-4>와 같다. 만약 어느 경제가 c_0와 k_0에 있다면, 자본량이 증가하면서 $c*$와 $k*$로 가는 유일한 안장 경로를 따라서 균제상태인 E점으로 수렴하게 된다.

〈그림 3-4〉 c_t와 k_t의 안장 경로

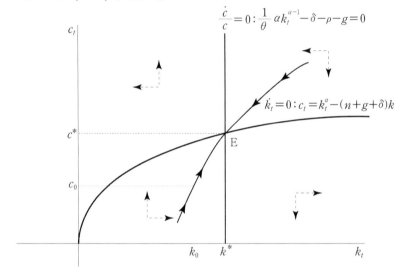

(1) t기 대표 가계의 예산제약을 표시하면,

$$\dot{B}_t = w_t(A_t L_t) + r_t B_t - c_t L_t - T_t$$

여기서 w_t는 유효노동력당 임금이다. 기술수준 A는 일정하다.

일인당 자산의 변화식을 구하기 위해 아래 식을 이용한다.

$$\frac{db_t}{dt} = \frac{d}{dt}\left(\frac{B_t}{L_t}\right) = \frac{1}{L_t^2}\left(\frac{dB_t}{dt}L_t - B_t\frac{dL_t}{dt}\right) = \frac{\dot{B}_t}{L_t} - nb_t$$

$$\frac{db_t}{dt} = \frac{\dot{B}_t}{L_t} - nb_t = \frac{w_t(AL_t) + r_t B_t - c_t L_t - T_t}{L_t} - nb_t$$

$$= w_t A + r_t b_t - c_t - \tau_t - nb_t \quad (\text{단}, \tau_t = \frac{T_t}{L_t})$$

$$\therefore \dot{b}_t = w_t A + (r_t - n)b_t - \tau_t - c_t$$
$$= w_t A + (r_t - n)b_t - g_t - c_t$$

(정부는 항상 균형예산을 만족하기 때문에,

$$G_t = T_t \Leftrightarrow \frac{G_t}{L_t} = \frac{T_t}{L_t} \Leftrightarrow g_t = \tau_t \;)$$

(2) 생산함수를 일인당으로 바꾸면, ($A_t = A$로 일정)

$$y_t \equiv \frac{Y_t}{L_t} = \frac{1}{L_t}\left[K_t^\alpha(A_t L_t)^{1-\alpha}\right] = A^{1-\alpha}k_t^\alpha$$

경쟁시장의 균형조건:

$$b_t = k_t$$

$$w_t = \frac{\partial Y_t}{\partial (AL_t)} = \frac{\partial}{\partial (AL_t)}[K_t^{\alpha}(AL_t)^{1-\alpha}] = (1-\alpha)K_t^{\alpha}(AL_t)^{-\alpha} = (1-\alpha)A^{-\alpha}k_t^{\alpha}$$

$$r_t = f'(k_t) - \delta = \alpha A^{1-\alpha}k_t^{\alpha-1} - \delta$$

이들 조건을 대입하여 예산제약을 고쳐 쓰면,

$$
\begin{aligned}
\dot{b_t} = \dot{k_t} &= w_t A_t + (r_t - n)b_t - g_t - c_t \\
&= [(1-\alpha)A^{-\alpha}k_t^{\alpha}]A + (\alpha A^{1-\alpha}k_t^{\alpha-1} - \delta - n)k_t - g_t - c_t \\
&= [(1-\alpha)A^{1-\alpha} + \alpha A^{1-\alpha}]k_t^{\alpha} - (\delta+n)k_t - g_t - c_t \\
\Rightarrow \dot{k_t} &= A^{1-\alpha}k_t^{\alpha} - (\delta+n)k_t - g_t - c_t
\end{aligned}
$$

(3) i) 최적 제어이론을 사용하여, k_t와 c_t의 변화식을 도출하자.

$$Max \int_0^{\infty} \frac{c_t^{1-\theta}}{1-\theta} e^{-(\rho-n)t} dt$$

s.t. $\dot{k_t} = A^{1-\alpha}k_t^{\alpha} - (\delta+n)k_t - g_t - c_t$

헤밀토니언 설정

$$H = e^{-(\rho-n)t}\frac{c_t^{1-\theta}}{1-\theta} + \lambda_t[A^{1-\alpha}k_t^{\alpha} - (\delta+n)k_t - c_t - g_t]$$

1계 조건:

$$\frac{\partial H}{\partial c_t} = 0 \iff e^{-(\rho-n)t}c_t^{-\theta} - \lambda_t = 0 \quad\cdots\cdots\cdots\cdots\cdots\cdots\text{①}$$

$$\frac{\partial H}{\partial k_t} = -\dot{\lambda_t} \iff \lambda_t[A^{1-\alpha}\alpha k_t^{\alpha-1} - (\delta+n)] = -\dot{\lambda_t} \quad\cdots\cdots\cdots\cdots\text{②}$$

$$\frac{\partial H}{\partial \lambda_t} = \dot{k_t} \iff \dot{k_t} = A^{1-\alpha}k_t^{\alpha} - (\delta+n)k_t - c_t - g_t \quad\cdots\cdots\cdots\cdots\text{③}$$

횡단 조건: $\lim\limits_{t \to \infty} \lambda_t k_t = 0$ ⋯⋯⋯⋯⋯⋯⋯⋯⋯⋯⋯⋯⋯⋯⋯⋯ ④

①식을 자연로그 씌운 후 시간(t)에 대해 미분

$$-(\rho-n)t - \theta\ln c_t = \ln\lambda_t$$

$$-\theta\frac{\dot{c_t}}{c_t} - (\rho-n) = \frac{\dot{\lambda_t}}{\lambda_t}$$ ⋯⋯⋯⋯⋯⋯⋯⋯⋯⋯⋯⋯⋯⋯ ①'

①'식을 ②식에 대입,

$$\theta\frac{\dot{c_t}}{c_t} + (\rho-n) = A^{1-\alpha}\alpha k_t^{\alpha-1} - (\delta+n)$$

정리하면, k_t와 c_t의 변화는 다음 두 식에 의해 알 수 있다.

$$\frac{\dot{c_t}}{c_t} = \frac{1}{\theta}[A^{1-\alpha}\alpha k_t^{\alpha-1} - \rho - \delta]$$

$$\dot{k_t} = A^{1-\alpha}k_t^{\alpha} - (\delta+n)k_t - c_t - g_t$$

ii) 균제상태에서의 c_t와 k_t의 변화식을 구한다. $\dot{c_t}=0$, $\dot{k_t}=0$을 이용한다.

$$\frac{\dot{c_t}}{c_t} = \frac{1}{\theta}[A^{1-\alpha}\alpha k_t^{\alpha-1} - \rho - \delta] = 0$$

$$A^{1-\alpha}\alpha k^{\alpha-1} = \rho + \delta$$

$$\therefore k^* = \left(\frac{A^{1-\alpha}\alpha}{\rho+\delta}\right)^{\frac{1}{1-\alpha}}$$

$$\dot{k}_t = A^{1-\alpha} k_t^\alpha - (\delta + n) k_t - c_t - g_t = 0$$
$$\Rightarrow c^* = A\left(\frac{\alpha}{\rho+n}\right)^{\frac{\alpha}{1-\alpha}} - (\delta+n)\left(\frac{A^{1-\alpha}\alpha}{\rho+\delta}\right)^{\frac{1}{1-\alpha}} - g_t$$

(4) 영구적인 세금감면은 항상소득이 증가하는 효과와 같다. 매 기의 예산식에서 $\triangle g_t < 0$만큼 변화가 생긴다. 위상도에서 $\dot{k}_t = 0$선이 $\triangle g_t$만큼 위로 올라갈 것이다. $\dfrac{\dot{c}_t}{c_t} = 0$ 선에는 변화가 없다.

이 경제가 만약 E에 있었다면, 영구적인 세금감면으로 소비가 그만큼의 크기로 증가하고, k^*는 같은 크기를 유지하는 새로운 균제상태인 E′로 즉각 이동할 것이다. 만약 균제상태로 가는 안장 경로(saddle path) 위의 a에 있다면, a′로 즉각 이동하고 새로운 안장 경로를 따라 E′로 갈 것이다.

〈그림 3-5〉 세금 감면의 효과

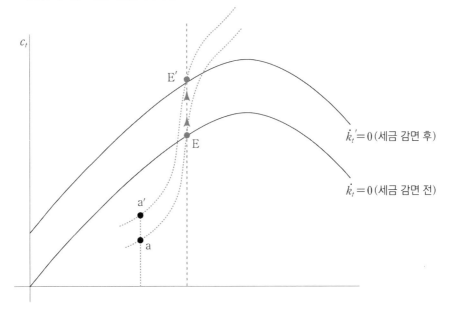

기술진보율 $g = 0$인 Ramsey－Cass－Koopmans의 소비자 겸 생산자 모형을 가정하자.

일인당 소비와 일인당 자본의 경로를 보여주는 식은 다음과 같다.

$$\frac{\dot{c}_t}{c_t} = \frac{1}{\theta}\left[f'(k_t) - \delta - \rho\right]$$

$$\dot{k}_t = f(k_t) - c_t - (n + \delta)k_t$$

균제상태에서는 $\dot{c}_t = \dot{k}_t = 0$이 성립하고 이를 만족하는 k_t^*, c_t^*값은 다음과 같이 도출된다.

$$\frac{\dot{c}}{c} = 0 \iff f'(k^*) = \delta + \rho \quad \cdots\cdots\cdots\cdots\cdots\cdots\cdots\cdots\cdots\cdots\cdots\cdots\cdots \text{①}$$

$$\dot{k} = 0 \iff c_t^* = f(k^*) - (n + \delta)k^* \quad \cdots\cdots\cdots\cdots\cdots\cdots\cdots\cdots\cdots \text{②}$$

소비자의 시간선호율 ρ가 갑작스럽게 증가한다면 ① 식에서 새로운 균제상태에서 k^*가 감소하고 ② 식에서 c^*도 감소한다.

이 경제의 위상도에서는 $\frac{\dot{c}_t}{c_t} = 0$ 선이 왼쪽으로 이동하고 $\dot{k}_t = 0$ 선에는 변화가 없다. 균제상태 E에서 시간선호율 ρ가 증가하면 즉각적으로 α점으로 이동하면서 일인당 소비를 늘린다. 새로운 안장 경로를 따라 자본량이 점점 줄어들어 새로운 균제상태 E'로 이동한다.

〈그림 3-6〉 시간 선호율 증가의 효과

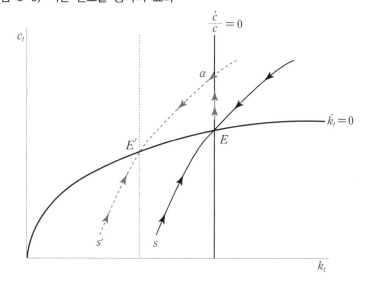

확장한 신고전파
성장모형

확장한 신고전파 성장모형

01

(1) 유효노동력당 자본량의 변화식은 다음과 같이 구해진다.

$$\dot{k_t} = sf(k_t) - (n+g+\delta)k_t$$

주어진 생산함수를 유효노동력당 생산량으로 고쳐쓰면,

$$y_t = f(k_t)$$

$$\Rightarrow \frac{Y_t}{A_t L_t} = \frac{K_t^{\alpha}(A_t h L_t)^{1-\alpha}}{A_t L_t} = k_t^{\alpha} h^{1-\alpha}$$

$$\therefore \dot{k_t} = s k_t^{\alpha} h^{1-\alpha} - (n+g+\delta)k_t$$

균제상태에서의 유효노동력당 자본량은 아래와 같다.

$$\dot{k_t} = 0 \Leftrightarrow s k_t^{\alpha} h^{1-\alpha} = (n+g+\delta)k_t$$

$$k_t^{1-\alpha} = \frac{sh^{1-\alpha}}{n+g+\delta}$$

$$\therefore k^* = \left(\frac{s}{n+g+\delta} \right)^{\frac{1}{1-\alpha}} h$$

① $y_t = \dfrac{Y_t}{A_t L_t}$ 의 균제상태의 값을 구하면,

$$y^* = k^{*\alpha} h^{1-\alpha}$$
$$= \left[\left(\frac{s}{n+g+\delta} \right)^{\frac{1}{1-\alpha}} h \right]^{\alpha} h^{1-\alpha}$$
$$= \left(\frac{s}{n+g+\delta} \right)^{\frac{\alpha}{1-\alpha}} h$$

② $\dfrac{Y_t}{L_t}$ 의 균제상태에서 값을 구하면 일정하지 않고 계속 시간이 가면서 증가한다.

$$\left(\frac{Y_t}{L_t} \right)^* = y^* A_t$$
$$= \left(\frac{s}{n+g+\delta} \right)^{\frac{\alpha}{1-\alpha}} h A_t$$
$$= \left(\frac{s}{n+g+\delta} \right)^{\frac{\alpha}{1-\alpha}} h A_0 e^{gt}$$

$\dfrac{Y_t}{L_t}$ 는 균제상태에서 일정하지 않고 시간이 가면서 계속 증가한다.

(2) ① 저축률: 저축률이 s 에서 $2s$ 로 2배 높은 경우, $\dfrac{Y_t}{L_t}$ 의 균제상태에서의 값

은 $\left(\dfrac{Y_t}{L_t} \right)^* = \left(\dfrac{2s}{n+g+\delta} \right)^{\frac{\alpha}{1-\alpha}} h A_0 e^{gt}$ 가 된다. 저축률 s 일 때와 비교하면,

일인당 생산량 $\left(\dfrac{Y_t}{L_t} \right)^*$ 는 $2^{\frac{\alpha}{1-\alpha}}$ 배 증가하게 된다. 만약 $\alpha = 1/3$ 이라면,

저축률이 $2s$ 로 2배 높으면 일인당 생산량 $\left(\dfrac{Y_t}{L_t} \right)^*$ 는 $\sqrt{2}$ 배 차이가 난다.

② 인적자본량: 만약 일인당 인적자본량이 h에서 $2h$로 증가한 경우,

$$\left(\frac{Y_t}{L_t}\right)^* = \left(\frac{s}{n+g+\delta}\right)^{\frac{\alpha}{1-\alpha}} 2hA_0 e^{gt}$$가 된다. 인적자본량이 h일 때와 비교

하면, 일인당 생산량 $\left(\dfrac{Y_t}{L_t}\right)^*$는 2배 증가하게 된다. 저축률의 차이보다

인적자본량의 차이가 균제상태에서의 일인당 생산량에 더 큰 영향을 미
친다.

(3) 노동자의 평균 인적자본량 h를 평균교육년수로 측정하게 되면, 경제 A와
경제 B의 평균 인적자본량은 다음과 같이 나타낼 수 있다.

$$h_A = 7 \,; \; h_B = 14 = 2h_A$$

① 경제 A와 경제 B의 이행경로를 살펴보자.

k_t의 이행경로는 $\dfrac{\dot{k_t}}{k_t} = s k_t^{\alpha-1} h^{1-\alpha} - (n+g+\delta)$이며, 각 경제의 이행경

로는 아래와 같다.

경제 A의 이행경로: $\dfrac{\dot{k_{t,A}}}{k_{t,A}} = s k_t^{\alpha-1} 7^{1-\alpha} - (n+g+\delta)$

경제 B의 이행경로: $\dfrac{\dot{k_{t,B}}}{k_{t,B}} = s k_t^{\alpha-1} 14^{1-\alpha} - (n+g+\delta)$

<그림 4-1> 인적자본량이 다른 경제 A와 경제 B의 이행경로 차이

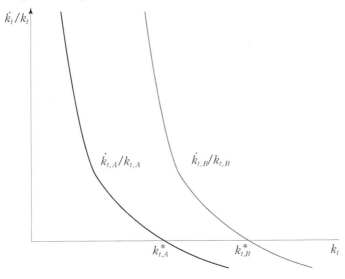

y_t의 이행경로는 $\dfrac{\dot{y_t}}{y_t} = \dfrac{d\ln y_t}{dt} = \dfrac{d\ln k_t^\alpha}{dt} = \alpha\dfrac{\dot{k_t}}{k_t}$ 로부터

$\dfrac{\dot{y_t}}{y_t} = \alpha(sk_t^{\alpha-1}h^{1-\alpha} - (n+g+\delta))$ 이며, 각 경제의 이행경로는 아래와

같다.

경제 A의 이행경로: $\dfrac{\dot{y_{t,A}}}{y_{t,A}} = \alpha(sk_t^{\alpha-1}7^{1-\alpha} - (n+g+\delta))$

경제 B의 이행경로: $\dfrac{\dot{y_{t,B}}}{y_{t,B}} = \alpha(sk_t^{\alpha-1}14^{1-\alpha} - (n+g+\delta))$

따라서 경제 B의 인적자본이 경제 A의 인적자본보다 크기 때문에, 경제 B의 k_t의 성장률이 이행경로에서 더 크다. 따라서 이행경로에서의 y_t의 성장률 역시 경제 B가 크다.

② 균제상태에서의 경제 A와 경제 B를 비교해보자.

균제상태에서 $\dot{k_t} = 0$ $\dot{y_t} = 0$이면,

$$k^* = \left(\frac{s}{n+g+\delta}\right)^{1/(1-\alpha)} h, \ y^* = \left(\frac{s}{n+g+\delta}\right)^{\alpha/(1-\alpha)} h \text{이다.}$$

경제 A의 경우:

$$k_A^* = \left(\frac{s}{n+g+\delta}\right)^{1/(1-\alpha)} 7, \ y_A^* = \left(\frac{s}{n+g+\delta}\right)^{\alpha/(1-\alpha)} 7$$

경제 B의 경우:

$$k_B^* = \left(\frac{s}{n+g+\delta}\right)^{1/(1-\alpha)} 14 \ = \ 2k_A^*,$$

$$y_B^* = \left(\frac{s}{n+g+\delta}\right)^{\alpha/(1-\alpha)} 14 \ = \ 2y_A^*$$

따라서 만약 경제 A와 경제 B의 s, n, g, δ가 같다면, 경제 A의 균제상태에서의 유효노동력당 자본량 및 생산량이 경제 B보다 2배가 더 크다. 그리고 균제상태에서 유효노동력당 자본량 및 유효노동력당 생산량의 변화율은 0이기 때문에, 두 경제의 균제상태에서 경제성장률은 0으로 같다.

02

(1) 이 경제의 생산함수와 물적자본, 인적자본의 균형 축적식은 다음과 같다.

$$Y_t = K_t^\alpha H_t^\beta (A_t L_t)^{1-\alpha-\beta}$$

$$\dot{K_t} = s_k Y_t - \delta K_t, \quad s_k > 0, \delta > 0$$

$$\dot{H_t} = s_h Y_t - \delta K_t, \quad s_h > 0, \delta > 0$$

$$\dot{L_t} = n L_t, \dot{A_t} = g A_t$$

생산함수를 유효노동력당으로 표현을 하면 다음과 같다.

$$y_t = k_t^\alpha h_t^\beta, \quad where \ y_t = \frac{Y_t}{A_t L_t}, \quad k_t = \frac{K_t}{A_t L_t}, \quad h_t = \frac{H_t}{A_t L_t}$$

k_t와 h_t의 dynamic path를 구해보자. 이때

$$\dot{k_t} = \left(\frac{\dot{K_t}}{A_t L_t} \right) = \frac{\dot{K_t}(A_t L_t) - K_t(\dot{A_t L_t})}{(A_t L_t)^2} = \frac{\dot{K_t}}{A_t L_t} - k_t(n+g) 와$$

$$\dot{h_t} = \left(\frac{\dot{H_t}}{A_t L_t} \right) = \frac{\dot{H_t}(A_t L_t) - H_t(\dot{A_t L_t})}{(A_t L_t)^2} = \frac{\dot{H_t}}{A_t L_t} - h_t(n+g) 을 \ 이용한다.$$

$$\dot{k_t} = s_k k_t^\alpha h_t^\beta - (n+g+\delta)k_t$$

$$\dot{h_t} = s_h k_t^\alpha h_t^\beta - (n+g+\delta)h_t$$

시간에 따른 k_t와 h_t의 증가율의 변화를 구해보자. 먼저, k_t의 경우를 보자. k_t의 dynamic path를 k_t로 나누게 되면, k_t의 증가율을 아래와 같이 구할 수 있다.

$$\frac{\dot{k_t}}{k_t} = s_k k_t^{\alpha-1} h_t^\beta - (n+g+\delta)$$

위의 식을 보게 되면, 시간에 따른 k_t의 증가율의 방향을 명확하게 알 수 없다. 왜냐하면 k_t가 증가할 때 h_t가 증가하면, $\frac{\dot{k_t}}{k_t}$는 감소하지 않을 수도 있다.

마찬가지로 h_t의 증가율은 아래와 같이 표현할 수 있고 시간에 따른 h_t의 증가율의 방향을 명확하게 알 수 없다.

$$\frac{\dot{h_t}}{h_t} = s_h k_t^\alpha h_t^{\beta-1} - (n+g+\delta)$$

(2) (K/H)의 비율은 k/h 비율과 같다. k/h의 증가율은 아래처럼 k 증가율에서 h의 증가율을 뺀 것과 같다.

$$\frac{\dot{k_t}}{k_t} - \frac{\dot{h_t}}{h_t} = s_k k_t^{\alpha-1} h_t^{\beta} - s_h k_t^{\alpha} h_t^{\beta-1}$$

위의 식을 보면 k가 h에 비해 클수록 우변의 첫 번째 항이 두 번째 항보다 작아서 k/h의 증가율이 $(-)$일 가능성이 높아진다. 즉, k/h의 값이 시간이 가면서 작아진다.

(3) 균제상태에서 $\dot{k_t} = \dot{h_t} = 0$으로부터

$$\dot{k_t} = s_k k_t^{\alpha} h_t^{\beta} - (n+g+\delta)k_t = 0$$

$$\dot{h_t} = s_k k_t^{\alpha} h_t^{\beta} - (n+g+\delta)h_t = 0$$

$$\Rightarrow k^* = \left(\frac{s_k^{1-\beta} s_h^{\beta}}{n+g+\delta} \right)^{\frac{1}{1-\alpha-\beta}}$$

$$h^* = \left(\frac{s_k^{\alpha} s_h^{1-\alpha}}{n+g+\delta} \right)^{\frac{1}{1-\alpha-\beta}}$$

균제상태에서 일인당 산출량, 즉 $y = Y/L$은

$$y^* \equiv \frac{Y}{L} = A_t \left(\frac{1}{n+g+\delta} \right)^{\frac{\alpha+\beta}{1-\alpha-\beta}} s_k^{\frac{\alpha}{1-\alpha-\beta}} s_h^{\frac{\beta}{1-\alpha-\beta}}$$

균형성장경로에서의 일인당 산출량의 증가율을 구하면

$$\frac{d(Y_t/L_t)}{dt} = \frac{d(y_t A_t)}{dt} = \frac{d(k_t^\alpha h_t^\beta A_t)}{dt}$$

$$= \alpha \frac{\dot{k}_t}{k_t} + \beta \frac{\dot{h}_t}{h_t} + \frac{\dot{A}_t}{A_t}$$

$$= 0 + 0 + g = g$$

따라서 균형성장경로에서의 일인당 산출량의 증가율은 g(기술진보율)에 의하여 결정된다.

(4) (1)에서 유도한 균제상태의 일인당 국민소득은 다음과 같다.

$$y^* = A_t \left(\frac{1}{n+g+\delta}\right)^{\frac{\alpha+\beta}{1-\alpha-\beta}} s_k^{\frac{\alpha}{1-\alpha-\beta}} s_h^{\frac{\beta}{1-\alpha-\beta}}$$

양변에 자연로그를 취하고, $A_t = A_0 e^{gt}$ $(A_0 = 1)$을 대입하여 정리하면 다음 식을 얻는다.

$$\ln y^* = gt + \frac{\alpha}{1-\alpha-\beta}\ln s_k + \frac{\beta}{1-\alpha-\beta}\ln s_h - \frac{\alpha+\beta}{1-\alpha-\beta}\ln(n+g+\delta)$$

균제상태의 h_t 값을 이용하여 식을 변형한다.

$$\ln y^* = gt + \frac{\alpha}{1-\alpha}\ln s_k + \frac{\beta}{1-\alpha}\ln h^* - \frac{\alpha}{1-\alpha}\ln(n+g+\delta)$$

위의 식을 통해, 일인당 인적자본의 차이는 두 국가의 일인당 국민소득(생산량)의 차이를 설명할 수 있다. 예를 들어, 만약, 두 국가의 평균인적자본이 각각 7년, 14년이라고 하면, $\frac{\beta}{1-\alpha} \times (\ln 14 - \ln 7) = \frac{\beta}{1-\alpha} \times 0.7$의 일인당 국민소득 차이를 가져 오는 것으로 추정할 수 있다.

03

(1) 맬서스 모형의 생산함수 $Y_t = X^{1/2}L_t^{1/2}$을 일인당으로 고쳐 쓰면 다음과 같다(단, X는 토지의 양이며 $X = X_0 = 10,000$으로 주어졌음).

일인당 생산량: $y_t = \dfrac{Y_t}{L_t} = \dfrac{X^{1/2}L_t^{1/2}}{L_t} = \left(\dfrac{X}{L_t}\right)^{1/2} = 100L_t^{-0.5}$

따라서 인구증가율 $n > 0$으로 L이 계속 증가하면 노동의 한계생산물이 감소하여 일인당 생산량(즉, 노동의 평균 생산물)인 y도 감소한다. 맬서스 모형에 따르면 인구가 계속 증가하게 되면, 일인당 토지의 양은 감소하고 1인당 소득수준의 감소로 이어질 것이다.

L과 y의 관계를 그래프로 그리면 다음과 같다.

〈그림 4-2〉 인구와 일인당 생산량의 관계

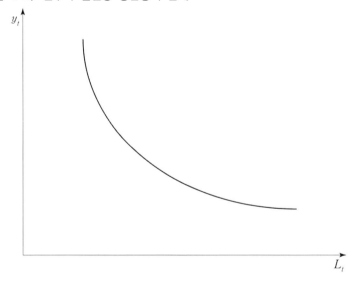

(2) $n = Y_t / L_t - 10$이므로 y가 감소하면 인구증가율이 결국 0으로 수렴한다, 이 모형에서 인구증가율이 0일 때 균제상태이다. 균제상태에서의 일인당 생산량을 구하면,

$$n = 0 = y_t - 10$$
$$\therefore \frac{Y_t}{L_t} = 10$$

균제상태에서의 L의 값을 구해보자.

$$L^* = 10\,Y* = 10X^{1/2}L*^{1/2}$$
$$\therefore L* = (10)^{-2}X = 100$$

맬서스 이론에 의하면, 인구가 지속해서 증가할 수 없다. 인구가 증가하면서, 일인당 생산량이 하락하면 이에 따라 출산율이 하락하고 인구증가율이 감소한다. 균제상태에서 인구증가율이 0이고 인구가 일정하다.

04

(1) H와 L의 대체탄력성의 정의는 다음과 같다.

$$\sigma = -\left[\frac{dln(MPH/MPL)}{dln(H/L)}\right]^{-1} \quad\text{.......................................} ①$$

대체탄력성 σ는 숙련노동과 비숙련노동의 한계생산물의 비율(즉, 상대가격 또는 숙련프리미엄)의 변화에 대해 숙련노동과 비숙련노동을 대체하는 정도가 얼마인지를 나타내는 지표이다.

$$MPH = \frac{\partial Y_t}{\partial H_t} = \frac{\sigma}{\sigma - 1}\left[\alpha_L(A_t^L L_t)^{\frac{\sigma-1}{\sigma}} + \alpha_H(A_t^H H_t)^{\frac{\sigma-1}{\sigma}}\right]^{\frac{\sigma}{\sigma-1}-1}$$

$$\alpha_H(A_t^H)^{\frac{\sigma-1}{\sigma}}\left(\frac{\sigma-1}{\sigma}\right)H_t^{-\frac{1}{\sigma}}$$

$$= \alpha_H(A_t^H)^{\frac{\sigma-1}{\sigma}}H_t^{-\frac{1}{\sigma}}Y_t^{\frac{1}{\sigma}}$$

$$MPL = \frac{\partial Y_t}{\partial L_t} = \alpha_L(A_t^L)^{\frac{\sigma-1}{\sigma}}L_t^{\frac{-1}{\sigma}}Y_t^{\frac{1}{\sigma}}$$

H와 L의 한계생산물의 비율을 구하면,

$$\therefore \frac{MPH}{MPL} = \frac{\alpha_H}{\alpha_L}\left(\frac{A_t^H}{A_t^L}\right)^{\frac{\sigma-1}{\sigma}}\left(\frac{H_t}{L_t}\right)^{-\frac{1}{\sigma}} \quad\cdots\cdots\cdots\cdots\cdots ②$$

양변에 자연로그를 씌우고 미분 후 정리하면:

$$\ln\left(\frac{MPH}{MPL}\right) = \ln\frac{\alpha_H}{\alpha_L} + \frac{\sigma-1}{\sigma}\ln\left(\frac{A_t^H}{A_t^L}\right) - \frac{1}{\sigma}\ln\left(\frac{H_t}{L_t}\right) \quad\cdots\cdots\cdots\cdots ③$$

위 식에서 대체탄력성의 정의에 따른 값을 구하면,

$$-\left[\frac{dln(MPH/MPL)}{dln(H/L)}\right]^{-1} = -\left(-\frac{1}{\sigma}\right)^{-1} = \sigma$$

완전경쟁 시장에서, 숙련노동과 비숙련노동의 임금은 각각 MPH와 MPL로 결정된다. 따라서 H와 L의 한계생산물의 비율이 H와 L의 상대가격이다. 대체탄력성이 1보다 클 때($\sigma > 1$), 비숙련노동과 숙련노동은 서로 대체(gross substitutes) 관계이다. 비숙련노동과 숙련노동의 상대가격 변화에 대해 비숙련노동과 숙련노동의 상대적 수요의 변화가 상대적으로 더 큰 경우이다.

(2) $\left(\dfrac{H_t}{L_t}\right)$의 상대적 공급이 증가하고 수요는 변화가 없다면 $\left(\dfrac{H_t}{L_t}\right)$의 상대가격

이 하락한다. 상대적으로 수요가 더 증가하는 일이 발생하면 $\left(\dfrac{H_t}{L_t}\right)$의 상대

가격이 상승할 수 있다. 예를 들어, H를 더 집약적으로 사용하는 산업이 발전하는 경우이다. 또 다른 경우로 숙련노동 편향적(H−biased) 기술진보가 발생했을 경우이다. H−biased 기술진보는 숙련노동을 더 집약적으로 사용하는 기술진보를 의미한다(예: 정보통신산업, 인공지능 기술 등). 숙련노동을 비숙련노동보다 더 많이 수요하여, H의 상대임금이 높아진다. (참고로 H−biased 기술진보는 H−augmenting(숙련노동 확장적) 기술진보와 다르다. H−augmenting은 (A_t^H)가 높아지고 H의 생산성을 높이는 기술진보를 의미한다.)

이 문제에서 $\gamma_H > \gamma_L$ 이므로 $\left(\dfrac{A_t^H}{A_t^L}\right)$가 시간이 가면서 점점 증가한다. ②와

③에서 보면 $\sigma > 1$이면 $\left(\dfrac{A_t^H}{A_t^L}\right)$의 증가는 H의 상대임금을 상승시키는 요인

으로 작용한다. 따라서 숙련과 비숙련노동 간 대체탄력성이 1보다 클 때, H−augmenting 기술진보는 H−biased 기술진보의 효과를 가져오고, 이로 인해서 H의 생산성이 상대적으로 증가하면서 H의 상대적 임금이 상승하는 효과가 있음을 알 수 있다.

05

어느 한 경제의 생산함수가 아래와 같이 주어졌다.

$$Y_t = A_t K_t^{1/3}(h_t L_t)^{2/3} \rightarrow y_t = A_t k_t^{1/3} h_t^{2/3}$$

일인당 인적자본량(h)과 총요소생산성의 증가가 얼마나 일인당 소득의 증가에 이바지했는지 알아보려면 솔로우 성장회계(Solow growth accounting)를 이

용한다. 위 식을 로그 미분하여 고쳐 쓰면 다음과 같이 표현할 수 있다.

$$\frac{\dot{y}_t}{y_t} = \frac{1}{3}\frac{\dot{k}_t}{k_t} + \frac{2}{3}\frac{\dot{h}_t}{h_t} + \frac{\dot{A}_t}{A_t}$$

이 경제에서 1970년에서 2010년 40년간 h의 성장률은 흔히 평균교육년수를 사용하여 계산하고 총요소생산성의 증가는 일인당 물적자본량(k)과 일인당 인적자본량(h)의 증가로 설명되지 않는 나머지 부분으로 계산하고 그만큼 일인당 소득의 증가에 기여한 것으로 추정한다. 성장회계는 일인당 산출량의 증가를 일인당 물적자본량(k), 일인당 인적자본량(h), 그리고 나머지인 총요소생산성의 증가의 기여도로 분해하는 방법이며 이를 각 요소가 일인당 소득의 증가에 미친 인과관계로 해석할 수는 없다.

06

(1) 주어진 중복세대모형에서 t기에 인구 L_t가 태어나서 t기와 t+1기를 산다. L_t와 t기에 태어난 노년 세대 인구 L_{t-1}의 관계는 $L_t = (1+n)L_{t-1}$이다. 경쟁시장 균형에서는 세대 간 거래가 없다.

i) t기에 태어난 소비자의 기간 간 예산 제약:

$C_{1t} + S_t = A$, (여기서 S_t는 부존 재화 중 저장된 양)

$C_{2t+1} = xS_t$ (x는 저장된 재화 1단위의 1기 후의 양)

$\Rightarrow C_{1t} + \frac{1}{x}C_{2t+1} = A$

ii) 소비자의 문제:

$$Max \ u(C_{1t}, C_{2t+1}) = \ln C_{1t} + \ln C_{2t+1}$$

$$s.t. \ C_{1t} + \frac{1}{x} C_{2t+1} = A$$

라그랑지안 함수를 설정하면,

$$\mathcal{L} = \ln C_{1t} + \ln C_{2t+1} + \lambda(A - C_{1t} - \frac{1}{x} C_{2t+1})$$

극대화의 1계 조건:

$$\frac{\partial \mathcal{L}}{\partial C_{1t}} = 0 : \frac{1}{C_{1t}} = \lambda$$

$$\frac{\partial \mathcal{L}}{\partial C_{2t+1}} = 0 : \frac{1}{C_{2t+1}} = \frac{1}{x} \lambda$$

$$\therefore \frac{C_{2t+1}}{C_{1t}} = x \ \Leftrightarrow \ C_{2t+1} = x C_{1t}$$

이를 예산제약식에 대입하면,

$$C_{1t} + \frac{1}{x} x C_{1t} = A$$

$$\therefore C_{1t} = \frac{1}{2} A, \quad C_{2t} = \frac{1}{2} x A$$

청년기에 부존자원 A의 1/2만큼 저장하게 된다. 따라서 부존 재화 중 저장되는 비율을 구하면,

$$s_t = 1/2$$

(2) t기의 총 소비는 다음과 같다.

$$C_t = c_{1t}L_t + c_{2t}L_{t-1}$$

$s_t (\equiv \dfrac{S_t}{A}) = s$로 일정한 경로를 고려한다.

$c_{1t} = (1-s)A$: s만큼 저장하고 남은 것 소비
$c_{2t} = xsA$
$\therefore\ C_t = (1-s)AL_t + xsAL_{t-1}$

t기 인구(유효노동력) L_t로 나누어 1인당 소비를 구하면,

$$\frac{C_t}{L_t} = (1-s)A + s\frac{x}{1+n}A$$

$$\frac{C_t}{L_t} = A + \left(\frac{x}{1+n} - 1\right)sA = A + \left(\frac{x-(1+n)}{1+n}\right)sA$$

여기서, $x > 0$, $n > 0$, $A > 0$이므로,

$x < 1+n$이면, $\dfrac{C_t}{L_t}$는 s의 단조 감소함수이므로, $0 \le s \le 1$에서 $s = 0$일 때,

$\dfrac{C_t}{L_t}$가 극대화된다(참고: 이것을 극대화하는 것이 $\dfrac{C_t}{L_t + L_{t-1}} = \dfrac{1+n}{2+n}\dfrac{C_t}{L_t}$을

극대화하는 것임).

따라서 (1)에서 구한 경쟁시장 균형에서는 1인당 소비가 극대화되지 않음을
알 수 있다. 따라서 경쟁시장 균형은 파레토 효율적이지 않음을 알 수 있다.
이는 세대 간 거래가 발생하지 않기 때문에 일어나며, 따라서 사회계획자가
매기마다 young으로부터 1단위의 부존 재화를 받아서 old에서 $(1+n)$단위
만큼 준다면, $x < 1+n$일 때 old의 소비가 늘어남을 알 수 있다. 결국,

social planner가 매기마다 young에게서 $1/2A$만큼 받아서 old에게 $(1+n)1/2A$만큼 주게 되면 $x = 1/2$에서도 파레토 개선(후생 증대)이 이루어질 수 있다.

07

(1) i) t기에 태어난 소비자의 문제

소비자의 예산제약:

청년기: $c_{1t} + s_t = w_t$ (s_t: 일인당 저축, w_t: 노동소득)

노년기: $c_{2t+1} = s_t(1 + r_{t+1})$

$$\Rightarrow c_{1t} + \frac{c_{2t+1}}{1 + r_{t+1}} = w_t$$

소비자의 효용극대화 문제:

$$Max\, u(c_{1t}, c_{2t+1}) = \alpha \ln c_{1t} + (1 - \alpha) \ln c_{2t+1}$$

$$s.t.\, c_{1t} + \frac{c_{2t+1}}{1 + r_{t+1}} = w_t$$

라그랑지안 함수 설정:

$$\mathcal{L} = \alpha \ln c_{1t} + (1 - \alpha) \ln c_{2t+1} + \lambda \left(w_t - c_{1t} - \frac{c_{2t+1}}{1 + r_{t+1}} \right)$$

1계 조건:

$$\frac{\partial \mathcal{L}}{\partial c_{1t}} = 0 : \frac{\alpha}{c_{1t}} = \lambda$$

$$\frac{\partial \mathcal{L}}{\partial c_{2t+1}} = 0 : \frac{1-\alpha}{c_{2t+1}} = \frac{\lambda}{1+r_{t+1}}$$

$$\Rightarrow \frac{c_{2t+1}}{c_{1t}} = \frac{1-\alpha}{\alpha}(1+r_{t+1})$$

이를 예산제약에 대입하면,

$$c_{1t} + \frac{1-\alpha}{\alpha}c_{1t} = w_t$$

$$\therefore c_{1t} = \alpha w_t$$

$$s_t = (1-\alpha)w_t$$

따라서 저축은 이자율에 반응하지 않는다.

ii) 생산자 문제

$$Y_t = F\big(K_t, (1+g)^t L_t\big) = k_t^\beta ((1+g)^t L_t)^{1-\beta}$$

단, $k_t \equiv \dfrac{k_t}{(1+g)^t L_t}$

$$\Rightarrow y_t = f(k_t) = k_t^\beta$$

단, $y_t \equiv \dfrac{Y_t}{(1+g)^t L_t}$

이윤극대화 조건:

$$r_t = f'(k_t) = \beta k_t^{\beta - 1}$$

$$w_t = [f(k_t) - k_t f'(k_t)](1+g)^t = (1-\beta)k_t^{\beta}(1+g)^t$$

iii) 시장 균형

t기의 총저축 $S_t = L_t s_t = L_t(1-\alpha)w_t = (1-\alpha)(1-\beta)(1+g)^t k_t^{\beta} L_t$

t+1기의 총자본 $K_{t+1} = (1+g)^{t+1} L_{t+1} k_{t+1}$

균형자본축적식: $K_{t+1} = L_t S_t$에 대입하면,

$$(1+g)^{t+1} L_{t+1} k_{t+1} = (1-\alpha)(1-\beta)(1+g)^t k_t^{\beta} L_t$$

$$k_{t+1} = \frac{(1-\alpha)(1-\beta)}{1+g}\frac{L_t}{L_{t+1}}k_t^{\beta}$$

$$\therefore k_{t+1} = \frac{(1-\alpha)(1-\beta)}{(1+g)(1+n)}k_t^{\beta}$$

균제상태 조건 $k_{t+1} = k_t = k*$을 대입하여 균제상태에서 유효노동력당 자본의 값과 이자율을 구한다.

$$k* = \frac{(1-\alpha)(1-\beta)}{(1+g)(1+n)}k*^{\beta}$$

$$\therefore k* = \left[\frac{(1-\alpha)(1-\beta)}{(1+g)(1+n)}\right]^{\frac{1}{1-\beta}}$$

$$r* = \beta k*^{\beta - 1} = \beta\frac{(1+\beta)(1+n)}{(1-\alpha)(1-\beta)}$$

(2) t기의 경제 전체의 소비를 구하면,

$$C_t = L_t c_{1t} + L_{t-1} c_{2t}$$

경제 전체의 예산제약:

$$K_{t+1} - K_t = F(K_t, (1+g)^t L_t) - C_t$$

$$\Rightarrow K_t + F(K_t, (1+g)^t L_t) = K_{t+1} + C_t$$

$$\therefore C_t = F(K_t, (1+g)^t L_t) + K_t - K_{t+1}$$

$$= f(k_t)(1+g)^t L_t + k_t(1+g)^t L_t - k_{t+1}(1+g)^{t+1}(1+n)L_t$$

균제상태($k_{t+1} = k_t = k^*$)에서 경제 전체의 소비를 극대화하는 문제는

$$\underset{k^*}{Max}\ C^* = f(k^*)(1+g)^t L_t + k^*(1+g)^t L_t - k^*(1+g)^{t+1}(1+n)L_t$$

극대화 1계조건을 구하면,

$$f'(k^*)(1+g)^t L_t + (1+g)^t L_t - (1+g)^{t+1}(1+n)L_t = 0$$

$$\Rightarrow f'(k_G^*) = n + g + ng$$

(여기서 ng가 작은 값이어서 생략하면 $\approx n+g$이므로 솔로우 모형의 황금률과 동일하다. $\delta = 0$을 가정하고 있음)

$f'(k) = \beta k^{\beta-1}$이므로,

$$\therefore k_G^* = \left[\frac{\beta}{n+g+ng}\right]^{\frac{1}{1-\beta}}, \ r_G^* = \beta\left[\left(\frac{\beta}{n+g+ng}\right)^{\frac{1}{1-\beta}}\right]^{\frac{1}{\beta-1}} = n+g+ng$$

(1)에서 구한 $k^* = \left[\frac{(1-\alpha)(1-\beta)}{(1+g)(1+n)}\right]^{\frac{1}{1-\beta}}$와 비교해 보면, α와 β의 값에 따

라 이 경제는 황금률을 만족하지 않고, 동태적으로 비효율적일 수 있다.

(3) 균제상태에서 경제 전체의 후생(효용)은 다음과 같다.

$$V_t = L_t \ln c_{1t}{}^* + L_{t-1} \ln c_{2t}{}^*$$

유효노동력당 후생을 구하면,

$$v_t \equiv \frac{V_t}{(1+g)^t L_t} = \frac{1}{(1+g)^t} \ln c_{1t}{}^* + \frac{1}{(1+g)^t (1+n)} \ln c_{2t}{}^*$$

경제 전체의 예산제약은

$$K_t + F(K_t, (1+g)^t L_t) = K_{t+1} + C_t$$

$$\Rightarrow k_t + f(k_t) = k_{t+1}(1+g)(1+n) + c_t$$

(여기서 $c_t \equiv \dfrac{C_t}{(1+g)^t L_t}$ 는 유효노동력당 소비)

균제상태에서는

$$k^* + f(k^*) = k^*(1+g)(1+n) + c_t$$

균제상태에서의 경제 전체의 '후생'을 극대화하는 자본량을 구해보자.

$$Max \, v_t = \frac{1}{(1+g)^t} \ln c_{1t}{}^* + \frac{1}{(1+g)^t (1+n)} \ln c_{2t}{}^*$$

$$s.t. \quad f(k^*) - (n+g+ng)k^* = c_t{}^*$$

라그랑지안을 설정하면

$$\mathcal{L} = v_t + \lambda [f(k^*) - (n + g + ng)k^* - c_t^*]$$

1계 조건

$$\frac{\partial \mathcal{L}}{\partial k^*} = 0; \quad f'(k^*) = n + g + ng$$

$$\therefore k^* = \left[\frac{\beta}{n + g + ng} \right]^{\frac{1}{1 - \beta}}, \quad r^* = n + g + ng$$

(2)에서 구한 황금률과 동일한 결과를 가져온다.

(4) 적립식 사회보장제도의 도입으로 청년기에 연금(d_t)를 납부, 노년기에 $(1 + r_{t+1})d_t$ 지급받는 경우를 고려하자.

i) 소비자 예산제약

청년기: $c_{1t} + s_t = w_t - d_t$

노년기: $c_{2t+1} = (1 + r_{t+1})s_t + (1 + r_{t+1})d_t$

d_t를 이용하여 예산제약을 정리하면,

$$c_{1t} + \frac{c_{2t+1}}{1 + r_{t+1}} = w_t$$

ii) 소비자 문제

$$\mathcal{L} = \alpha \ln c_{1t} + (1 - \alpha) \ln c_{2t+1} + \lambda \left[w_t - c_{1t} - \frac{c_{2t+1}}{1 + r_{t+1}} \right]$$

1계 조건:

$$\frac{\partial \mathcal{L}}{\partial c_{1t}} = 0 \ ; \quad \frac{\alpha}{c_{1t}} = \lambda$$

$$\frac{\partial \mathcal{L}}{\partial c_{2t+1}} = 0 \ ; \quad \frac{1-\alpha}{c_{2t+1}} = \frac{\lambda}{1+r_{t+1}}$$

$$\therefore \ \frac{c_{2t+1}}{c_{1t}} = \frac{1-\alpha}{\alpha}(1+r_{t+1})$$

위의 식을 예산제약식에 대입하면,

$$\therefore \ c_{1t}{}^* = \alpha w_t$$
$$s_t{}^* = (1-\alpha)w_t - d_t$$

(1)의 결과와 비교해보면, t기 young 세대의 민간저축이 연금 납부액 (d_t)만큼 감소하였음을 알 수 있다.

iii) 생산자의 이윤극대화 조건

$$r_t = \beta k_t^{\beta-1}$$
$$w_t = (1-\beta)k_t^{\beta}(1+g)^t$$

iv) 시장 균형

t기의 총저축 $= L_t s_t + L_t d_t = L_t[(1-\alpha)w_t - d_t] + L_t d_t = (1-\alpha)w_t L_t$
t+1기의 총자본 $= K_{t+1}$
$\Rightarrow K_{t+1} = (1-\alpha)w_t L_t$

앞에서 구한 값들을 대입하면 균형자본 축적식을 얻는다.

$$(1+g)^t L_{t+1} k_{t+1} = (1-\alpha)(1-\beta) k_t^\beta (1+g)^t L_t$$

$$k_{t+1} = \frac{(1-\alpha)(1-\beta)}{1+g} \frac{L_t}{L_{t+1}} k_t^\beta$$

균제상태에서는 $k_{t+1} = k_t = k^*$ 이므로

$$k^* = \left[\frac{(1-\alpha)(1-\beta)}{(1+g)(1+n)} \right]^{\frac{1}{1-\beta}}$$

적립식 사회보장제도를 도입하면 (1)의 결과와 같다.

적립식 사회보장제도에서는 young세대의 민간저축을 정부가 연금만큼 대신해주기 때문에 민간저축이 감소하고 정부 저축이 증가한다. 이들이 상쇄되어 결국 총저축에는 변함이 없으므로, 균제상태의 자본축적량에는 아무런 영향을 미치지 못한다. 소비자로서도 민간 저축을 통한 수익과 연금을 통한 수익이 같다면 연금과 저축이 무차별하므로 그들의 소비 경로가 변하지 않는다.

CHAPTER
05

내생적 성장모형

DYNAMIC MACROECONOMICS
GROWTH AND FLUCTUATIONS

CHAPTER 05 내생적 성장모형

01

(1) 소비자 겸 생산자의 의사결정 문제가 아래와 같이 주어졌다.

$$Max \int_0^\infty e^{-\rho t}(\ln c_t) L_t \, dt$$

$$s.t. \ \dot{K}_t = AK_t - C_t - \delta K_t$$

일인당 자본과 일인당 소비로 고쳐 쓰면,

$$Max \int_0^\infty e^{-\rho t}(\ln c_t) L_t \, dt = \int_0^\infty (\ln c_t) \, e^{-(\rho - n)t} \, dt$$

$$s.t. \ \dot{k}_t = Ak_t - c_t - (n + \delta)k_t$$

소비자의 효용극대화 문제를 풀기 위한 해밀토니언 식은 다음과 같다.

$$H = (\ln c_t)e^{-(\rho - n)t} + \lambda_t [Ak_t - c_t - (n + \delta)k_t]$$

1) $\dfrac{\partial H}{\partial c_t} = 0 : \dfrac{1}{c_t}e^{-(\rho - n)t} - \lambda_t = 0$

2) $\dfrac{\partial H}{\partial k_t} = -\dot{\lambda}_t : \lambda_t [A - (n + \delta)] = -\dot{\lambda}_t$

3) $\dfrac{\partial H}{\partial \lambda_t} = \dot{k}_t$: $\dot{k}_t = A k_t - c_t - (n+\delta) k_t$

TVC 조건: $\displaystyle\lim_{t\to\infty} k_t \lambda_t = 0$

1) 식을 시간으로 미분하면,

$$\dot{\lambda}_t = -\frac{1}{(c_t)^2} \dot{c}_t\, e^{-(\rho-n)t} - \frac{1}{c_t}(\rho-n)\, e^{-(\rho-n)t}$$

$$\frac{\dot{\lambda}_t}{\lambda_t} = -\frac{\dot{c}_t}{c_t} - (\rho-n)$$

2) 식을 이용하면, $\dfrac{\dot{c}_t}{c_t} + (\rho-n) = A - (n+\delta)$.

일인당 소비의 성장률의 동태적 경로는 다음과 같다.

$$\therefore\ \frac{\dot{c}_t}{c_t} = A - \delta - \rho$$

3) 식을 고쳐 쓰면, $\dfrac{\dot{k}_t}{k_t} = A - \dfrac{c_t}{k_t} - (n+\delta)$이므로 균형성장경로에서 $\dfrac{\dot{k}_t}{k_t}$가

일정하려면 $\dfrac{c_t}{k_t}$가 일정해야 한다.

따라서 균형에서 $\dfrac{\dot{k}_t}{k_t} = \dfrac{\dot{c}_t}{c_t}$가 성립한다. $y_t = A k_t$이므로 균형에서 $\dfrac{\dot{k}_t}{k_t} = \dfrac{\dot{y}_t}{y_t}$

도 성립한다.

$$\therefore\ \frac{\dot{y}_t}{y_t} = \frac{\dot{k}_t}{k_t} = \frac{\dot{c}_t}{c_t} = A - \delta - \rho$$

(2) 이 경제에서 저축은 $\dot{K}_t + \delta K (= AK_t - C_t)$이며 저축률은 이를 AK_t로 나눈 값으로 결정이 난다. 균형성장경로에서 저축률은 일정하고 $\dfrac{\dot{K}_t}{K_t} = A - \delta - \rho + n$을 이용하여 풀면 $(\dot{K}_t + \delta K_t)/AK_t = (A - \rho + n)A^{-1}$으로 결정이 난다. 자본생산성(A)이 높을수록 시간 할인율(ρ)이 낮을수록 저축률이 높고 균형 경제성장률이 상대적으로 높다. 솔로우 모형에서는 저축률 상승은 일인당 자본량과 생산량의 수준을 높이는 수준 효과(level effect)를 보여주지만, 경제가 새로운 균제상태에 도달함에 따라 일인당 생산의 증가율이 0(기술진보율 0으로 가정)으로 수렴한다. 반면에 AK 모형에서 저축률 상승은 일인당 생산의 증가율을 영구적으로 높이는 성장률 효과(growth effect)가 있다.

02

(1) 문제에 주어진 기술진보 식 $(\dot{A} = \Psi S_A L A^\sigma)$에서(시간 첨자 생략)

$$g_A = \frac{\dot{A}}{A} = \Psi S_A L A^{\sigma - 1}$$

σ의 크기에 따라 현재의 기술수준이 기술진보를 위해 얼마나 효과적으로 활용되고 있는지 알 수 있다. $0 < \sigma < 1$이면 기술수준이 높아지면서 기술진보율이 감소한다. 즉, 현재의 기술수준이 새로운 기술의 생산을 위해 효과적으로 쓰이지 않음을 의미한다. 만약 반대로 $\sigma > 1$면, 기술진보율은 시간에 따라 가속할 것이다.

생산함수를 고쳐 쓰면

$$y \equiv Y/L = A(1 - S_A)$$

$$\ln y = \ln A + \ln(1 - S_A)$$

$$g_A = g_y \equiv \frac{\dot{y}}{y} = \frac{\dot{A}}{A} = \Psi S_A L A^{\sigma - 1}$$

$$\ln g_A = \ln \Psi + \ln S_A + \ln L + (\sigma - 1)\ln A$$

모두 시간으로 미분하면,

$$\frac{\dot{g_A}}{g_A} = (\sigma - 1)g_A$$

균형에서 $\dot{g_A} = 0$이 되어야 한다. 따라서 균형성장경로(balanced growth path)에서 $g_A^* = 0$이다. 따라서 $g_y^* = 0(\frac{d\ln y}{dt} = \frac{\dot{y}}{y} = \frac{\dot{A}}{A})$.

(2) 균형성장경로에서 y와 A의 로그값은 일정하다. L이 일정하므로 Y의 성장률도 y, A와 같다.

〈그림 5-1〉 $\ln A$와 $\ln Y$의 균형성장경로

(3) S_A가 갑자기 증가할 때 $\ln y$, $\ln A$의 동태적 경로는 아래 두 식으로부터 구
할 수 있다.

$$\ln y = \ln A + \ln(1 - S_A)$$
$$\ln g_A = \ln \Psi + \ln S_A + \ln L + (\sigma - 1)\ln A$$

$\ln y$는 즉각 하락하였다가 점점 A가 증가하면서 높아진다. 즉, S_A 상승에
따라 주어진 노동력이 기술 생산에 치중되면서 최종생산이 감소하지만, 기
술진보율이 상승하여 일인당 생산은 이전보다 빠른 속도로 회복한다. 다시
더 큰 값을 갖는 steady-state에 이르면 일인당 생산량은 일정한 값을 갖는
다(아래 y의 성장률 <그림 5-2> 참조).

$\ln A$는 성장률이 상승하였다가 점차 성장률이 하락하면서 새로운 균제상태
에서는 일정한 값을 갖는다.

<그림 5-2> 기술 투자율 상승의 효과

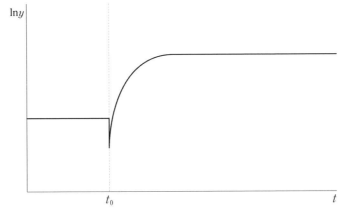

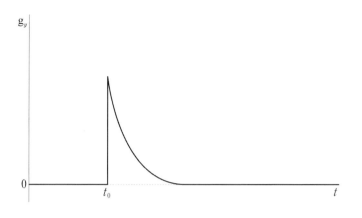

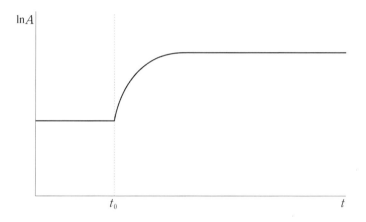

(1) $Y_t = A_t L_{yt} = A_t(1 - S_A)L_t$ 이므로 균형성장경로에서 $\dfrac{Y_t}{L_t}$ 의 성장률은 $\dfrac{\dot{A}_t}{A_t}$

와 같다. $\dfrac{\dot{A}_t}{A_t}$ 의 성장률을 구해보자.

$$\frac{\dot{A}_t}{A_t} = \psi S_A^\lambda L_t^\lambda A_t^{\phi-1}$$

$$\ln \frac{\dot{A}_t}{A_t} = \ln \psi + \lambda\ln S_A + \lambda\ln L_t + (\phi-1)\ln A_t$$

시간 미분하면,

$$d\frac{\ln \dfrac{\dot{A}_t}{A_t}}{dt} = \frac{d\ln \psi}{dt} + \frac{d\lambda \ln S_A}{dt} + \frac{d\lambda \ln L_t}{dt} + \frac{d(\phi-1)\ln A_t}{dt}$$

균형성장경로에서 $\dfrac{\dot{A}_t}{A_t} = 0$이므로,

$$0 = \lambda n + (\phi-1)\frac{\dot{A}_t}{A_t} \Leftrightarrow \frac{\dot{A}_t}{A_t} = \frac{\lambda n}{1-\phi}$$

따라서 균형성장률은 $\dfrac{\dot{y}_t}{y_t} = \dfrac{\dot{A}_t}{A_t} = \dfrac{\lambda n}{1-\phi}$.

균형성장률을 결정하는 요인은 파라미터 λ, n, ϕ이다. 승수 λ의 값이 클수록 기술 투자의 한계 생산성이 높아서 기술진보율이 높다. ϕ 값이 클수록(1에 가까울수록) 지금까지 축적한 기술이 기술 발전속도에 더 큰 영향을 미치고 성장률은 높아진다. 인구(연구인력 수)의 증가율이 높을수록 성장률은 상승한다.

(2) 기술 투자율 S_A가 갑자기 증가할 때 y_t의 로그 값의 변화와 y_t의 성장률의 시간 경로를 그래프로 그리면 아래와 같다.

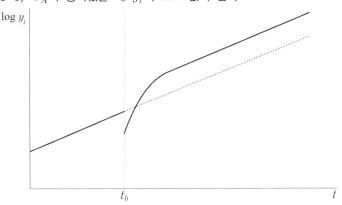

〈그림 5-3〉 S_A가 증가했을 때 y_t의 로그 값의 변화

S_A가 갑자기 상승하면, $\dfrac{Y_t}{L_t} = A_t(1 - S_A)$이므로 $(1 - S_A)$가 하락하여 일인 당 생산이 즉각적으로 감소한다. 즉, 주어진 노동력이 기술 생산에 치중되면서 최종생산이 감소한다. 그러나 S_A 상승에 따라 기술진보율이 즉각적으로 상승하여 일인당 생산은 이전보다 빠른 속도로 회복한다.

〈그림 5-4〉 S_A가 증가했을 때 y_t의 성장률의 시간 경로

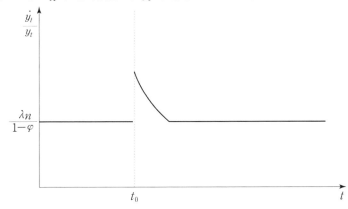

기술진보율은 일시적으로 올랐다가 A_t가 축적될수록 하락하여 균형 성장률로 다시 수렴하기 때문에 일인당 생산 수준 또한 빠른 속도로 회복한 이후 기존의 성장 속도로 증가한다.

(1) CRRA 효용함수를 다음과 같이 설정하자.

$$u(C_t) = \frac{C_t^{1-\theta} - 1}{1-\theta}$$

주어진 모든 제약식을 고려하여 해밀토니언을 다음과 같이 설정한다.

$$J = \frac{C_t^{1-\theta} - 1}{1-\theta} e^{-\rho t} + v_t(I_{Kt} - \delta K_t) + \mu_t(I_{Ht} - \delta H_t) + w_t\left(A K_t^\alpha H_t^{1-\alpha} - C_t - I_{Kt} - I_{Ht}\right)$$

1계 조건:

1) $\dfrac{\partial J}{\partial C_t} = C_t^{-\theta} e^{-\rho t} - w_t = 0$

2) $\dfrac{\partial J}{\partial I_{Kt}} = v_t - w_t = 0$

3) $\dfrac{\partial J}{\partial I_{Ht}} = \mu_t - w_t = 0$

4) $\dfrac{\partial J}{\partial K_t} = -\delta v_t + \alpha w_t A K_t^{\alpha-1} H_t^{1-\alpha} = -\dot{v}_t$

5) $\dfrac{\partial J}{\partial H_t} = -\delta \mu_t + (1-\alpha) w_t A K_t^\alpha H_t^{-\alpha} = -\dot{\mu}_t$

1) 식을 시간 미분하면,

$$\dot{w}_t = -\theta C_t^{-\theta-1} \dot{C}_t e^{-\rho t} - \rho e^{-\rho t} C_t^{-\theta}$$

$$\frac{\dot{w}_t}{w_t} = -\theta \frac{\dot{C}_t}{C_t} - \rho$$

2), 3) 식을 통해 $v_t = w_t = \mu_t$ 성립한다.

4) 식을 정리하면,

$$\frac{\dot{v_t}}{v_t} = \delta - \alpha A \left(\frac{H_t}{K_t}\right)^{1-\alpha} = -\theta \frac{\dot{C_t}}{C_t} - \rho = \frac{\dot{w_t}}{w_t}$$

$$\therefore \frac{\dot{C_t}}{C_t} = \frac{1}{\theta} \left[\alpha A \left(\frac{H_t}{K_t}\right)^{1-\alpha} - \delta - \rho\right]$$

위 식에서 보면, $\frac{H_t}{K_t}$ 값이 커질수록 소비의 성장률이 높아진다.

(2) 4), 5) 식을 정리하여, 균형성장경로에서 H_t/K_t의 값을 구하면 다음과 같다.

$$\frac{\dot{v_t}}{v_t} = \delta - \alpha A \left(\frac{H_t}{K_t}\right)^{1-\alpha} = \delta - (1-\alpha) A \left(\frac{H_t}{K_t}\right)^{-\alpha}$$

$$\Rightarrow \frac{H_t}{K_t} = \frac{1-\alpha}{\alpha}$$

(3) 균형에서 H_t/K_t의 값을 소비 성장률에 대입하면,

$$\gamma_c = \frac{1}{\theta} \left[A\alpha^{\alpha}(1-\alpha)^{1-\alpha} - \delta - \rho\right]$$

$\frac{H_t}{K_t}$ 의 균형 값이 일정하므로 H_t, K_t는 균형에서 같은 속도로 증가한다.

생산함수와 예산제약식으로부터 H_t, K_t, Y_t, C_t는 모두 같은 율로 성장한다.

$$\frac{\dot{Y}_t}{Y_t} = \frac{\dot{K}_t}{K_t} = \frac{\dot{H}_t}{H_t} = \frac{\dot{C}_t}{C_t} = \frac{1}{\theta}\left[A\alpha^{\alpha}(1-\alpha)^{1-\alpha} - \delta - \rho\right]$$

(4) 생산함수로부터 물적자본과 인적자본의 한계생산성을 구하면 다음과 같다.

$$MPK = \alpha A \left(\frac{H_t}{K_t}\right)^{1-\alpha}$$

$$MPH = (1-\alpha) A \left(\frac{H_t}{K_t}\right)^{-\alpha}$$

균형에서 $\dfrac{H_t}{K_t} = \dfrac{1-\alpha}{\alpha}$ 이며 $MPK = MPH$ 이다. 물적자본 K_t 가 파괴되고

$\dfrac{H_t}{K_t} > \dfrac{1-\alpha}{\alpha}$ 인 경우가 발생하였다면, $MPK > MPH$ 이 발생하고 K_t 가 H_t

보다 더 빠른 속도로 늘어나도록 자원배분(I_{Kt}, I_{Ht}에 대한 조정)이 일어난

다. 투자율을 마이너스로 할 수는 없으므로 $I_{Kt} > 0$, $I_{Ht} = 0$이 된다. 이제

이 경우는 인적자본은 일정한 경우의 솔로우 모형과 같은 형태로 움직이게

된다(3장 내용 참조). 시간이 가면서 K가 증가하고 $\dfrac{H_t}{K_t}$ 가 점점 감소하여

$\dfrac{H_t}{K_t} = \dfrac{1-\alpha}{\alpha}$ 를 다시 회복한다.

이 과정에서 총생산 Y_t의 수준은 K_t가 파괴되고 즉각적으로 감소하지만

Y_t의 성장률은 $\dfrac{H_t}{K_t}$값이 갑자기 증가하면서 높아지고 점차 K가 증가하고

$\dfrac{H_t}{K_t}$값이 감소하면서 점점 하락하여 원래의 균형 값을 회복한다.

(1) Variety가 증가하는 기술진보모형에서 R&D 수익률(r)과 균형 경제성장률 (γ_c)은 다음과 같다.

R&D 수익률: $r = (L/\eta)A^{\frac{1}{1-\alpha}}\left(\frac{1-\alpha}{\alpha}\right)\alpha^{\frac{2}{1-\alpha}}$,

균형성장률: $\gamma_c \equiv \dfrac{\dot{c}}{c} = \dfrac{r-\rho}{\theta} \Rightarrow \gamma_c = \dfrac{1}{\theta}[(L/\eta)A^{\frac{1}{1-\alpha}}\left(\frac{1-\alpha}{\alpha}\right)\alpha^{\frac{2}{1-\alpha}} - \rho]$

경제성장률은 L(노동력, 인구, 경제의 규모, 시장의 크기)과 비례하여 증가한다. 이러한 규모 효과(scale effect)를 뒷받침하는 실증적 근거는 부족하다. 위의 식에서 R&D 투자 비용 η의 증가는 R&D 수익률과 균형성장률의 감소를 가져온다. 이 경제의 총생산은 $Y = AL^{1-\alpha}X^\alpha N^{1-\alpha} = A^{\frac{1}{1-\alpha}}\alpha^{\frac{2\alpha}{1-\alpha}}LN$이다. 이제 R&D 투자 비용 η가 $\dfrac{Y}{N}$(즉, 중간재 단위당 산출량)과 비례한다고 가정하고, η 대신 $\eta A^{\frac{1}{1-\alpha}}\alpha^{\frac{2\alpha}{1-\alpha}}L$을 넣으면 균형성장률은 $\gamma_c = \dfrac{1}{\theta}\left[\dfrac{\alpha(1-\alpha)}{\eta} - \rho\right]$가 되어 규모 효과가 사라진다.

(2) ① 사회계획자의 균형성장률과 비교해보자(L이 일정함).

사회계획자의 문제는 다음과 같다.

$$\max_{c_t}\int_0^\infty \frac{c_t^{1-\theta}-1}{1-\theta}Le^{-\rho t}dt$$

$$s.t.\ Y_t = C_t + \eta\dot{N}_t + X_t \Leftrightarrow \dot{N}_t = \frac{1}{\eta}(AL^{1-\alpha}N_t^{1-\alpha}X_t^\alpha - Lc_t - X_t)$$

여기서 제어 변수는 c, X이고 상태변수는 N이다.

다음의 해밀토니언을 설정하여 풀어 보자.

$$\hat{H}(N_t, c_t, X_t, \lambda_t, t) = \frac{c_t^{1-\theta} - 1}{1-\theta} Le^{-\rho t} + v_t(1/\eta)(A_t L^{1-\alpha} N_t^{1-\alpha} X_t^{\alpha} - Lc_t \quad X_t)$$

$$\frac{\partial H}{\partial c} = 0 \Rightarrow c^{-\theta} Le^{-\rho t} - v(L/\eta) = 0 \Leftrightarrow -\theta\frac{\dot{c}}{c} - \rho = \frac{\dot{v}}{v}$$

$$\frac{\partial H}{\partial X} = 0 \Rightarrow v\frac{1}{\eta}(AL^{1-\alpha}N^{1-\alpha}\alpha X^{\alpha-1} - 1) = 0$$

$$\Rightarrow X = (AL^{1-\alpha}N^{1-\alpha}\alpha)^{\frac{1}{1-\alpha}} = A^{\frac{1}{1-\alpha}}LN\alpha^{\frac{1}{1-\alpha}}$$

$$\frac{\partial H}{\partial N} = -\dot{v} \Rightarrow v\frac{1}{\eta}(1-\alpha)N^{1-\alpha}AL^{1-\alpha}X = -\dot{v}$$

$$\Rightarrow \frac{\dot{v}}{v} = -\frac{1}{\eta}(1-\alpha)N^{-\alpha}AL^{1-\alpha}X^{\alpha}$$

$$= -\frac{1}{\eta}(1-\alpha)N^{-\alpha}AL^{1-\alpha}(A^{\frac{\alpha}{1-\alpha}}L^{\alpha}N^{\alpha}\alpha^{\frac{\alpha}{1-\alpha}})$$

1계 조건에서 시간 첨자를 생략하였다. 위의 식을 정리하면 소비의 증가
율은 다음과 같다.

$$\frac{\dot{c}}{c} = \frac{1}{\theta}[(L/\eta)A^{\frac{1}{1-\alpha}}\left(\frac{1-\alpha}{\alpha}\right)\alpha^{\frac{1}{1-\alpha}} - \rho]$$

사회계획자의 문제를 푼 결과 도출된 균형성장률이 시장경제의 균형성
장률보다 $\alpha^{\frac{1}{1-\alpha}}$ (>1)만큼 높다. 이는 시장경제에서 R&D 투자자가 가격
설정자로 독점가격($\frac{1}{\alpha} > 1 = MC$)을 설정하기 때문이다.

② 정부가 R&D 투자자에게 보조금을 지급하면 R&D 투자 비용인 η가 감소한다(예를 들어, 보조금을 지급하여 투자비용을 $\eta \Rightarrow \eta^* \alpha^{-1/(1-\alpha)}$로 낮추어 준다). 문제 3의 (1)에서 살펴보았듯이 η의 감소는 균형 경제성장률(γ)과 이자율(r)을 높여 사회계획자의 균형성장률을 달성할 수 있다. 하지만, 성장률은 증가하지만 중간재 생산기업(연구·개발 inventor)은 여전히 독점이윤을 유지하기 위해 생산량을 경쟁시장 균형량보다 적게 유지한다. 여전히 시장의 왜곡이 존재한다. 즉, first-best equilibrium을 달성할 수 없다.

06

(1) Quality가 증가하는 기술진보 모형에서 R&D 투자가 성공할 확률(p)은 균형에서 다음과 같이 구해진다.

$$p = \frac{(\bar{\pi}/\xi) - \rho}{1 + \theta\left[q^{\alpha/(1-\alpha)} - 1\right]}$$

이 식에 따르면 단기 이윤($\bar{\pi}$)의 균형 값이 클수록 성공확률이 높다. 예상되는 이윤이 높을수록 경제 전체의 총 R&D 투자는 커진다. R&D 투자 규모가 클수록 기술 혁신의 성공확률이 높아진다.

(2) 이 모형에서는 이미 첨단 기술을 생산하고 있는 leader와 outsider들이 새로운 기술을 개발하려고 한다. leader가 기술진보를 하여 더 나은 품질의 $k_j + 1$의 중간재를 생산하면 지금 k_j에서 얻는 독점이윤이 사라진다. 따라서 품질 향상으로 얻을 종합적인 기대이윤을 고려하여 기술 투자를 할 것인지를 결정할 것이다. 이때 기술개발 성공확률이 outsider들에 비해 유리한 지, 성공하면 기대수익이 얼마인지가 중요한 고려 사항이 될 것이다.
만일 leader가 외부자들과의 잠재 경쟁마저 무시할 정도로 비용면에서 우위가 크다면, 연구개발 투자의 균형수익률의 기대치가 더 높아져서 기술 투자를 할 것이다. 잠재적인 기업들은 기술개발 경쟁에 뛰어들지 않을 것이다. leader 기업의 독점이윤은 $k_j + 1$ 기술진보가 이루어지기 전의 이윤과 이후의 이윤이 다르다.

기술진보 전: $E[V(\kappa_j)] = [\pi(\kappa_j) - Z(\kappa_j)] / [r + p(\kappa_j)]$

기술진보 후: $E[V(\kappa_j)] = p(\kappa_j) \cdot E[V(\kappa_j + 1)] / [r + p(\kappa_j)]$

총 기대수입은 다음과 같이 쓸 수 있다.

$$E[V(\kappa_j)] = \frac{\pi(\kappa_j) - Z(\kappa_j) + p(\kappa_j) \cdot E[V(\kappa_j + 1)]}{r + p(\kappa_j)}$$

이 식을 r에 대해 정리하면,

$$r = \frac{\pi(\kappa_j) - Z(\kappa_j) + p(\kappa_j) \cdot E[V(\kappa_j + 1)] - E[V(\kappa_j)]}{E[V(\kappa_j)]}$$

위 식을 $Z(\kappa_j)$의 값을 구하여 다시 대립하면 다음을 얻는다.(Barro and Xala$-$i$-$Martin, 7.3.2. 참조):

$$E[V(\kappa_j)] = \frac{\pi(\kappa_j) - p(\kappa_j) \cdot \zeta \cdot q^{(\kappa_j + 1) \cdot a/(1-a)} + p(\kappa_j) \cdot E[V(\kappa_j + 1)]}{r + p(\kappa_j)}$$

여기서 ζ는 leader의 기술개발비용이다. 이를 통해 기대수익은 $p(\kappa_j)$, $E[V(\kappa_j + 1)]$, ζ 등에 의존하고 있다. 이 모형에서 leader는 기대수익을 극대화하는 기술 투자를 한다. 최종적으로 결정이 나는 균형 수익률, 균형 기술진보율, 균형 경제성장률은 ζ가 낮을수록 높음을 보일 수 있다.

07

(1) 남한이 고도성장을 하는 동안 북한은 세계에서 가장 폐쇄적인 사회주의 경제체제를 유지하여 경제발전에서 뒤처져 세계 최빈국으로 남아 있다. 그 차이의 많은 부분이 제도의 차이에서 크게 기인하였다고 할 수 있다. 대한민국은 사유재산권에 바탕을 둔 시장경제를 도입하여 많은 사람이 자유롭게 경제행위에 참가할 수 있도록 하였으며 투자와 혁신, 기술발전을 촉진하여 생산성의 향상을 이루었다. 또한, 적극적인 교육투자를 통해 개개인의 능력을 향상시켰고, 빠른 수준의 기술진보를 이루었다. 반면에 북한은 지배층의 이익을 추구하고 대다수 경제 주체의 자유로운 경제활동을 억제하고, 생산활동 유인을 저하시킨 착취적 경제 제도를 유지했다. 북한이 과거 중국이나 베트남처럼 제도 개혁과 개방을 하면 빠르게 성장할 잠재력이 있다.

(2) Acemoglu와 Robinson은 포용적 경제제도는 포용적 정치제도와 상호보완적인 관계에 있다고 주장한다. 포용적 정치제도는 정치적 의사 결정 권한을 공평하게 배분하고, 공정한 절차에 의해 정부를 구성하는 특징을 갖는다. 저자들은 포용적 경제제도는 포용적 정치제도에 의해 높은 수준의 경제발전을 이뤄낸다고 하며 "포용적 경제제도는 착취적 정치제도를 지지하지도 않고 그로부터 지지를 받지도 않는다"라고 하였다. 그러나 역사적으로 권위주의적인 정권에서 경제성장률이 빨랐던 경우는 종종 있었다. 중국의 경우가 대표적인 예이다. 이런 문제에 대해 저자들은 포용적 정치제도가 단순히 권력이 분산된 민주주의 체제를 의미하지 않고 "충분히 중앙집권적이고 강한(sufficiently centralized and powerful)" 국가의 역할이 중요하다고 주장한다.

08

민주주의가 경제발전에 얼마나 중요한가는 다양한 이론적, 실증적 연구가 있고 아직 명확한 결론이 없다. 포용적 정치제도인 민주주의가 경제성장에

도움이 되지만 고소득국가에서 민주주의가 진전됨에 따라 평등을 위한 소득재분배 정책이 강화되면 경제성장에 오히려 해가 될 수 있다. 미국 하버드대학교의 로버트 배로(Robert Barro) 교수는 민주주의와 경제성장에 관한 연구를 통해 경제발전 초기 단계에서는 민주주의가 경제성장을 촉진하지만, 일정 수준 이상 경제가 발전한 후에는 오히려 경제성장을 저해하는 역할을 한다고 주장하였다.

실증적인 분석을 위해 모든 국가의 자료를 모아 회귀분석을 하는 방법이 있다. 제2차 세계대전 이후 각 국가의 정치제도를 분류한 자료는 쉽게 구할 수 있다. 그러나 민주주의와 경제성장의 인과관계를 분석하기는 쉽지 않다. 경제성장으로 소득이 높아지면 정치적 자유에 대한 욕구가 커지기 때문에 인과관계가 반대로 작용할 수 있다. 다른 요인(예: 교육수준)으로 인해 민주주의와 경제성장이 동시에 영향을 받을 수도 있다. 경제학 논문들은 이런 다양한 문제를 최대한 고려하여 계량 분석을 사용하고 있다. 하지만, 사회과학은 자연과학과 달리 다른 모든 요인을 통제한 실험실에서 결과를 만들어서 평가하는 것이 불가능하여 분석에 한계가 있다.

실물적 경기변동
모형

DYNAMIC MACROECONOMICS
GROWTH AND FLUCTUATIONS

실물적 경기변동 모형

01

(1) i) 1기의 소비와 저축의 결정

① 가계의 효용함수

$$u = u(C_1) + \frac{1}{1+\rho} u(C_2) \quad (\rho\text{는 시간선호율})$$

가계의 효용함수는 아래와 같은 무차별곡선으로 표현할 수 있으며, 같은 위치의 무차별곡선에서는 동일한 효용을 느낀다.

$$\Rightarrow \triangle u = u'(C_1)\triangle C_1 + \frac{1}{1+\rho} u'(C_2)\triangle C_2$$

무차별곡선의 기울기는: $\dfrac{\triangle C_2}{\triangle C_1} = -\dfrac{u'(C_1)(1+\rho)}{u'(C_2)}$

〈그림 6-1〉 1기와 2기 소비의 무차별 곡선

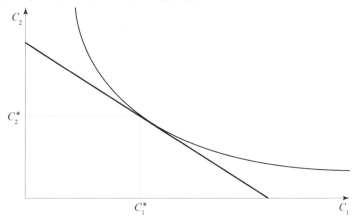

② 예산제약

$$C_1 + \frac{C_2}{1+i_1} = \left(\frac{W}{P}\right)_1 L + \left(\frac{W}{P}\right)_2 \frac{L}{1+i_1} + (1+i_0)\left(\frac{B_0}{P} + K_0\right)$$

⇒예산제약식의 기울기는 $-(1+i_1)$

③ 효용극대화조건: 예산제약과 효용함수의 기울기가 같아지는 점에서 C_1과 C_2의 소비 결정

$$-(1+i_1) = -\frac{u'(C_1)(1+\rho)}{u'(C_2)}$$
$$\Rightarrow u'(C_1) = \frac{1+i_1}{1+\rho} u'(C_2)$$

효용극대화 조건에 의해 1기의 소비 C_1*가 결정되고, 1기의 저축은 아래와 같다.

$$S_1* = 1기의 총소득 - 1기의 소비$$
$$= \left(\frac{W}{P}\right)_1 L + (1+i_0)\left[\left(\frac{B_0}{P}\right) + K_0\right] - C_1*$$

ii) 이자율 i_1의 상승이 1기 소비에 미친 영향

이자율 i_1의 상승이 1기 소비에 미치는 영향은 대체효과와 소득효과의 크기에 의해 결정된다(이때 1기 초의 자본에 대해 1기 동안 받는 이자율 i_0는 변화 없다고 가정함).

① **기간 간 대체효과**: 이자율 i_1의 상승은 같은 저축으로 2기의 소비를 더 많이 늘릴 수 있다. 즉, 이자율 i_1의 상승에 따른 소득변화가 없다고 하면, 1기의 소비의 기회비용이 증가하기 때문에, 1기의 소비를 줄이고 2기의 소비를 늘린다.

② **소득효과**: 소득효과는 $(\frac{B_1}{P} + K_1)$의 값에 따라 작용한다. 저축한 자산의 현재가치가 이자율에 의해 어떻게 변화하는지 살펴보자.

1기, 2기의 가계 예산제약을 나누어 쓰면 다음과 같다.

1기: $C_1 + (\frac{B_1}{P} + K_1) = (\frac{W}{P})_1 L + (1 + i_0)(\frac{B_0}{P} + K_0)$

2기: $C_2 + (\frac{B_2}{P} + K_2) = (\frac{W}{P})_2 L + (1 + i_1)(\frac{B_1}{P} + K_1)$

문제의 주어진 예산식을 보면 2기 말에 남기는 자산이 없으므로 2기 예산식은 다음과 같이 고쳐 쓸 수 있다.

2기: $C_2 = (\frac{W}{P})_2 L + (1 + i_1)(\frac{B_1}{P} + K_1)$

이자율 i_1이 상승하면 2기의 소득은 $\left[\left(\frac{B_1}{P}\right) + K_1\right]$의 값에 따라 증가할 수도 있고 감소할 수도 있다. 차입자($B_1 < 0$)는 음의 소득효과, 대출자

$(B_1 > 0)$는 양의 소득효과가 발생한다. 경제 전체로 대출과 차입이 같다면 소득효과는 0이 된다. 실물자본량 $K_1 > 0$이므로 양의 소득효과가 발생한다.

(2) 2기의 실질임금 $\left(\dfrac{W}{P}\right)_2$이 오를 것으로 예상하는 경우, 소득의 현재가치의 합이 증가한다. 이로 인해, 1기의 소비와 2기의 소비가 증가한다. 그림을 보면, 예산제약식이 오른쪽으로 이동한다. 1기의 소득엔 변화가 없으므로, C_1의 증가로 인해 S_1은 감소한다.

$$S_1{}^* = \left(\frac{W}{P}\right)_1 L + (1 + i_0)\left(\frac{B_0}{P} + K_0\right) - C_1{}^*$$

〈그림 6-2〉 예산선의 이동과 소비 변화

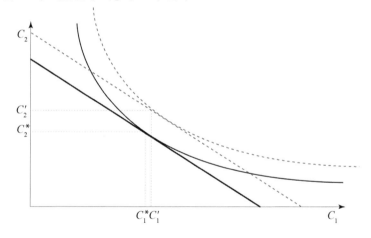

(3) 소비자 겸 생산자의 문제를 고쳐 쓰면,

$$Max\ u = u(C_1, C_2) = u(C_1) + \frac{1}{1+\rho}u(C_2)$$
$$= \ln C_1 + \frac{1}{1+\rho}\ln C_2$$

$$s.t. \ C_1 + \frac{C_2}{1+i_1} = \left(\frac{W}{P}\right)_1 L + \left(\frac{W}{P}\right)_2 \frac{L}{1+i_1} + (1+i_0)\left(\frac{B_0}{P} + K_0\right)$$

라그랑지안:

$$\mathcal{L} = \ln C_1 + \frac{1}{1+\rho}\ln C_2 + \lambda\left[\left(\frac{W}{P}\right)_1 L + \left(\frac{W}{P}\right)_2 \frac{L}{1+i_1} + (1+i_0)\left(\frac{B_0}{P} + K_0\right)\right.$$

$$\left. - C_1 - \frac{C_2}{1+i_1}\right]$$

극대화 1계 조건:

i) $\dfrac{\partial \mathcal{L}}{\partial C_1} = 0 : \dfrac{1}{C_1} = \lambda$ ⋯⋯⋯⋯⋯⋯⋯⋯⋯⋯⋯⋯⋯⋯⋯⋯⋯⋯⋯ ①

ii) $\dfrac{\partial \mathcal{L}}{\partial C_2} = 0 : \dfrac{1}{1+\rho}\dfrac{1}{C_2} = \dfrac{\lambda}{1+i_1}$ ⋯⋯⋯⋯⋯⋯⋯⋯⋯⋯⋯ ②

iii) $\dfrac{\partial \mathcal{L}}{\partial \lambda} = 0 :$ 예산제약식 ⋯⋯⋯⋯⋯⋯⋯⋯⋯⋯⋯⋯⋯⋯ ③

①과 ②를 결합하면, 소비의 기간 간 대체 결정

$$\frac{1}{1+\rho}\frac{1}{C_2} = \frac{1}{1+i_1}\frac{1}{C_1}$$

$$\frac{C_2}{C_1} = \frac{1+i_1}{1+\rho}$$

$$C_2 = \frac{1+i_1}{1+\rho}C_1$$ ⋯⋯⋯⋯⋯⋯⋯⋯⋯⋯⋯⋯⋯⋯⋯⋯⋯⋯⋯ ①'

①'를 ③에 대입하면,

$$C_1 + \frac{1}{1+i_1}\frac{1+i_1}{1+\rho}C_1 = \left(\frac{W}{P}\right)_1 L + \left(\frac{W}{P}\right)_2 \frac{L}{1+i_1} + (1+i_0)\left(\frac{B_0}{P} + K_0\right)$$

(이때, $\left(\dfrac{W}{P}\right)_1 L + \left(\dfrac{W}{P}\right)_2 \dfrac{L}{1+i_1} + (1+i_0)\left(\dfrac{B_0}{P} + K_0\right)$를 V라고 하자.)

$$\left(1 + \frac{1}{1+\rho}\right) C_1 = V$$

$$\Rightarrow C_1^* = \frac{1+\rho}{2+\rho} V = \frac{1+\rho}{2+\rho}\left[\left(\frac{W}{P}\right)_1 L + \left(\frac{W}{P}\right)_2 \frac{L}{1+i_1} + (1+i_0)\left(\frac{B_0}{P} + K_0\right)\right]$$

위의 식을 보면 효용함수가 로그 함수 형태면 이자율 i_1이 변화할 때에 2기 실질임금의 현재가치가 감소하여 1기 소비를 줄이는 효과가 작용한다. 만일 2기에 자산을 남긴다면 소비는 아래와 같이 결정된다. 이자율이 변화하면 2기에 남길 자산의 현재가치가 변화하여 이에 따라 1기 소비가 추가로 변화한다.

$$\left(1 + \frac{1}{1+\rho}\right) C_1 = V - \frac{B_2/P + K_2}{1+i_1}$$

02

(1) 소비자의 소비와 노동공급함수를 도출하기 위해, 먼저 (b)의 제약식을 이용하여 2기에 걸친 기간 간(intertemporal) 제약식을 도출해 보자. (b)식에서,

$t = 1$일 때, $A_2 = w_1 L_1 + (1+r)A_1 - C_1$

$t = 2$일 때, $A_3 = w_2 L_2 + (1+r)A_2 - C_2$

위의 두 식을 결합하게 되면,

$$A_3 = w_2 L_2 + (1+r)[w_1 L_1 + (1+r)A_1 - C_1] - C_2$$

$$\Rightarrow C_1 + \frac{C_2}{1+r} = w_1 L_1 + \frac{w_2 L_2}{1+r} + (1+r)A_1 - \frac{A_3}{1+r}$$

$$\Rightarrow C_1 + \frac{C_2}{1+r} = w_1 L_1 + \frac{w_2 L_2}{1+r} + X$$

풀이를 간단하게 하기 위해 다음 2개의 가정을 추가하자. (이 가정을 추가하지 않으면, 아래에 예산식에 $X \equiv (1+r)A_1 - \dfrac{A_3}{1+r}$를 추가하시오. 이 경우 이자율 변화가 경제에 미치는 영향은 X에 미치는 영향을 통해 추가로 발생한다.)

① $A_1 = 0$: 유산 받은 것이 없다(초기부존자원$=0$).
② $A_3 = 0$: 2기 이후에는 남기거나 빚을 지지 않는다(유산$=0$).
⇒ 위의 가정을 대입하면, 기간 간 예산식을 아래와 같이 간단히 쓸 수 있다.

$$(C_1 - w_1 L_1) + \frac{1}{1+r}(C_2 - w_2 L_2) = 0$$

$$\therefore \sum_{t=1}^{2} (1+r)^{-(t-1)} (C_t - w_t L_t) = 0$$

이 소비자의 문제를 쓰면,

$$Max \sum_{t=1}^{2} (1+\rho)^{-(t-1)} [\ln C_t + \alpha \ln(24 - L_t)]$$

$$s.t. \sum_{t=1}^{2} (1+r)^{-(t-1)} (C_t - w_t L_t) = 0$$

라그랑지안 설정:

$$\underset{(C_1, C_2, L_1, L_2, \lambda)}{Max\ \mathcal{L}} = \sum_{t=1}^{2} (1+\rho)^{-(t-1)} [\ln C_t + \alpha \ln(24 - L_t)] +$$
$$\lambda \left[\sum_{t=1}^{2} (1+r)^{-(t-1)} (-C_t + w_t L_t) \right]$$

$$= \ln C_1 + \alpha \ln(24 - L_1) + \frac{1}{1+\rho} [\ln C_2 + \alpha \ln(24 - L_2)] +$$
$$\lambda \left[-C_1 + w_1 L_1 + \frac{1}{1+r}(-C_2 + w_2 L_2) \right]$$

i) $\dfrac{\partial \mathcal{L}}{\partial C_1} = 0$: $\dfrac{1}{C_1} = \lambda$ ⋯⋯⋯⋯⋯⋯⋯⋯⋯⋯⋯⋯⋯⋯ ①

ii) $\dfrac{\partial \mathcal{L}}{\partial C_2} = 0$: $\dfrac{1}{1+\rho}\dfrac{1}{C_2} = \dfrac{\lambda}{1+r}$ ⋯⋯⋯⋯⋯⋯⋯⋯⋯⋯ ②

iii) $\dfrac{\partial \mathcal{L}}{\partial L_1} = 0$: $\dfrac{-\alpha}{24-L_1} + \lambda w_1 = 0$ ⋯⋯⋯⋯⋯⋯⋯⋯ ③

iv) $\dfrac{\partial \mathcal{L}}{\partial L_2} = 0$: $\dfrac{-\alpha}{24-L_2} + \lambda\dfrac{w_2}{1+r} = 0$ ⋯⋯⋯⋯⋯ ④

v) $\dfrac{\partial \mathcal{L}}{\partial \lambda} = 0$: $C_1 + \dfrac{C_2}{1+r} = w_1 L_1 + \dfrac{w_2 L_2}{1+r}$

①과 ②에서 소비의 기간 간 결정

$$\dfrac{1}{1+\rho}\dfrac{1}{C_2} = \dfrac{1}{1+r}\dfrac{1}{C_1}$$ ⋯⋯⋯⋯⋯⋯⋯⋯⋯⋯⋯⋯ ⑤

$$\Rightarrow \dfrac{C_2}{C_1} = \dfrac{1+r}{1+\rho}$$

①과 ③에서 1기의 소비와 여가 간 대체 결정

$$\dfrac{\alpha}{24-L} = \dfrac{1}{C_1}w_1$$ ⋯⋯⋯⋯⋯⋯⋯⋯⋯⋯⋯⋯⋯⋯ ⑥

$$\Rightarrow \dfrac{C_1}{24-L_1} = \dfrac{C_1}{Z} = \dfrac{w_1}{\alpha}$$

②와 ④에서 2기의 소비와 여가 간 대체 결정

$$\dfrac{1}{1+\rho}\dfrac{\alpha}{24-L_2} = w_2\dfrac{1}{1+\rho}\dfrac{1}{C_2}$$ ⋯⋯⋯⋯⋯⋯⋯⋯ ⑦

$$\Rightarrow \dfrac{C_2}{24-L_2} = \dfrac{C_1}{Z} = \dfrac{w_2}{\alpha}$$

③과 ④에서 노동의 기간 간 대체 결정

$$\frac{1}{1+\rho}\frac{\alpha}{24-L_2}=\frac{1}{w_1}\frac{\alpha}{24-L_1}w_2\frac{1}{1+r} \quad\cdots\cdots\cdots\cdots\cdots\cdots\cdots\cdots\cdots\cdots\cdots\cdots\cdots\cdots\cdots \text{⑧}$$

$$\frac{24-L_2}{24-L_1}=\frac{Z_2}{Z_1}=\frac{1+r}{1+\rho}\frac{w_1}{w_2}$$

⑥, ⑦, ⑧을 다음과 같이 표현

$$C_2=\frac{1+r}{1+\rho}C_1 \quad\cdots\cdots\cdots\cdots\cdots\cdots\cdots\cdots\cdots\cdots\cdots\cdots\cdots\cdots\cdots\cdots\cdots\cdots\cdots\cdots\cdots \text{⑥}'$$

$$24-L_1=\alpha\frac{C_1}{w_1} \quad\cdots\cdots\cdots\cdots\cdots\cdots\cdots\cdots\cdots\cdots\cdots\cdots\cdots\cdots\cdots\cdots\cdots\cdots \text{⑦}'$$

$$L_1=24-\alpha\frac{C_1}{w_1}$$

$$24w_1-w_1L_1=(1+\rho)\left(\frac{24w_2}{1+r}-\frac{w_2L_2}{1+r}\right) \quad\cdots\cdots\cdots\cdots\cdots\cdots\cdots \text{⑧}'$$

구해진 값들을 예산제약식에 대입하여 정리하면,

$$0= -C_1+w_1L_1-\frac{1}{1+r}C_2+\frac{w_2L_2}{1+r}$$

$$= -C_1+w_1L_1-\frac{1}{1+r}\frac{1+r}{1+\rho}C_1+\frac{24w_2}{1+r}-\frac{1}{1+\rho}(24w_1-w_1L_1)$$

$$= -(1+\frac{1}{1+\rho})C_1+(1+\frac{1}{1+\rho})w_1(24-\alpha\frac{C_1}{w_1})+\frac{24w_2}{1+r}-\frac{24w_1}{1+\rho}$$

$$\Rightarrow -(1+\alpha)(1+\frac{1}{1+\rho})C_1+24w_1+\frac{1}{1+r}24w_2=0$$

$$\therefore C_1{}^*=\frac{1}{1+\alpha}\frac{1+\rho}{2+\rho}24\left(w_1+\frac{w_2}{1+r}\right) \quad\cdots\cdots\cdots\cdots\cdots\cdots\cdots\cdots\cdots\cdots \text{⑨}$$

⑦'에 대입하면,

$$L_1{}^* = 24 - \frac{\alpha}{w} C_1{}^*$$

$$= 24 - \frac{\alpha}{w}\left[\frac{1}{1+\alpha}\frac{1+\rho}{2+\rho}24\left(w_1 + \frac{w_2}{1+r}\right)\right]$$

$$\therefore L_1{}^* = 24\left[1 - \frac{\alpha}{1+\alpha}\frac{1+\rho}{2+\rho}\left(1 + \frac{w_1/w_2}{1+r}\right)\right]$$

이자율 r의 상승이 $C_1{}^*$와 $L_1{}^*$에 미치는 영향을 살펴보면, r이 상승하면 1기 소비를 줄어들고 1기의 노동공급은 증가한다.

(2) 1기의 노동공급: $L_1{}^* = 24\left[1 - \frac{\alpha}{1+\alpha}\frac{1+\rho}{2+\rho}\left(1 + \frac{w_2/w_1}{1+r}\right)\right]$

$$\Rightarrow L_1{}^* = L\left(\frac{w_2/w_1}{1+r}\right), L_1{}' < 0$$

일시적인 경우, t=1에서 임금이 오르면, (이때, t=2기의 임금은 오르지 않음) 1기의 노동공급은 증가한다. 영구적인 임금상승의 경우, t=1에서 임금이 오를 때 $\frac{w_2}{1+r}$도 같은 비율로 증가하면, 1기의 노동공급은 불변이다. 하지만 다른 비율로 증가하게 되면, 노동공급이 늘어날 수도 줄어들 수도 있다.

03

(1) 교과서의 다기간 모형의 효용극대화 부분을 참조하여 유도할 수 있다. 효용극대화 조건에 따라 t기와 t+1기에 무차별곡선과 예산선의 기울기가 같아야 한다.

$$-(1+i_t) = -\frac{u'(C_t)(1+\rho)}{u'(C_{t+1})},\ \ t = 1, 2, 3\ldots$$

모든 기의 이자율이 ρ와 같으면 다음과 같이 CRRA 함수에서 구한 한계효용이 일정하고 매기의 소비가 일정하다.

$$C_t^{-\theta} = C_{t+1}^{-\theta}$$

$$\Rightarrow C_t = C_{t+1}$$

이 결과를 예산제약식에 대입하여 정리하면 다음과 같다(무한 기에서 자산의 현재가치는 0임).

$$C_1 + \frac{C_1}{1+\rho} + \frac{C_1}{(1+\rho)^2} + ... + \frac{C_1}{(1+\rho)^{t-1}} + ... = V$$

$$\Rightarrow C = \frac{\rho}{1+\rho} V$$

$$단, \quad V = \sum_{t=1}^{\infty} \frac{(\frac{W}{P})_t L}{(1+\rho)^{t-1}} + (1+i_0)(\frac{B_0}{P} + K_0)$$

(2) 소비자의 t기 예산제약은 정부의 개입이 없을 때 다음과 같다(이자율을 시간선호율로 바꾸어 써도 됨).

$$C_t + \frac{B_t}{P} + K_t = (\frac{W}{P})_t L + (1+i_{t-1})(\frac{B_{t-1}}{P} + K_{t-1})$$

정부가 정액세 T_t를 부과하고 이전지출(V_t)을 하면 예산제약식은 다음과 같이 바뀐다.

$$C_t + \frac{B_t}{P} + K_t = (\frac{W}{P})_t L + (1+i_{t-1})(\frac{B_{t-1}}{P} + K_{t-1}) - T_t + V_t$$

정부가 매기마다 정액세(T)를 부과하고 정부 소비지출(G)을 하며 민간에게 이전지출(V)을 하면 정부의 예산제약식은 다음과 같다(여기서 정부 공채에 대한 수익률과 민간 실물자산에 대한 수익률은 같다고 가정함).

$$G_t + V_t + i_{t-1}(\frac{B_{t-1}^g}{P_t}) = T_t + \frac{(B_t^g - B_{t-1}^g)}{P_t}$$

(3) 정부가 균형 예산을 매기마다 유지할 필요가 없다면 세금을 줄이고 공채를 더 발행할 수 있다. 그러나 무한기에 걸친 예산제약은 변함이 없다(정부 예산식을 무한기에 걸친 식으로 표시하면 무한기에 걸친 정부지출과 이전지출의 현재가치 합계가 무한기에 걸친 정액세(T)의 합계와 같다). 민간의 소득의 현재가치 합계는 다음과 같이 바뀌고 소비도 새로운 소득의 현재가치 합계에 의해 결정된다.

$$V' = \sum_{t=1}^{\infty} \frac{(\frac{W}{P})_t L + V_t - T_t}{(1+\rho)^{t-1}} + (1+i_0)(\frac{B_0}{P} + K_0)$$

$$\Rightarrow \ C = \frac{\rho}{1+\rho} V'$$

정부지출의 크기(현재가치 합계)에 변화가 없으면 $V_t - T_t$의 현재가치 합계에 변화가 없고 소득의 현재가치 합계에 변화가 없으므로 소비에 변화가 없다. 즉, 세금을 감면한 만큼 발행한 공채를 갚기 위해 미래의 세금의 현재가치가 증가하여 민간의 무한기에 걸친 예산제약은 변화가 없으므로 소비에 변화가 없다. 리카르도 등가정리가 성립한다. 소비자는 1기의 세금 감면을 1기에 모두 저축한다.

참고로 만일 공채수익률이 민간의 이자율(시간선호율)보다 낮으면 세금 감면으로 증가한 공채를 갚는 데 필요한 미래 세금을 민간의 시간선호율로 계산한 현재가치가 줄어들어 민간 소득의 현재가치가 늘어 소비가 늘 수 있다. 리카르도 등가정리가 성립하지 않는다. 경제주체가 무한 기가 아니라 유한기를 사는 경우도 공채를 자신의 미래 세금으로 인식하지 않으면 소득의 현대가치가 늘어난 것으로 고려할 수 있다.

04

(1) 교과서 6.2의 경우처럼 총인구의 수와 기업의 합계는 항상 1로 일정하다고 가정하자. 노농 공급도 항상 1로 주어졌다고 가정한다($l_t = 1$). 감가상각률은 1이다.

i) t기에 태어난 소비자의 문제

$$\underset{k_t}{Max} \ln(w_t - k_t) + \beta \ln[(r_{t+1})k_t]$$

극대화 1계 조건:

$$-\frac{1}{w_t - k_t} + \beta \frac{1}{(1 - \delta + r_{t+1})k_t}(r_{t+1}) = 0$$

$$\frac{1}{w_t - k_t} = \frac{\beta}{k_t}$$

$$k_t = \beta(w_t - k_t)$$

$$\therefore \quad k_t = \frac{\beta}{1+\beta} w_t$$

ii) 생산자의 이윤극대화 문제

$$\underset{l_t, k_{t-1}}{Max} A_t l_t^\alpha k_{t-1}^{1-\alpha} - w_t l_t - r_t k_{t-1}$$

극대화 1계 조건:

$$\alpha A_t l_t^{\alpha-1} k_t^{1-\alpha} - w_t = 0$$

$$(1-\alpha) A_t l_t^{\alpha} k_{t-1}^{-\alpha} - r_t = 0$$

iii) 시장청산(market clearing) 조건

$$c_t^t + c_t^{t-1} + k_t = A_t l_t^{\alpha} k_t^{1-\alpha}$$

t기의 경제 전체의 소비:

$$C_t = c_t^t + c_t^{t-1}$$

t기의 저축과 투자:

$$I_t = k_t + (1-\delta)k_{t-1} = k_t$$

균형에서의 k_t:

$$
\begin{aligned}
k_t^* &= \frac{\beta}{1+\beta} w \\
&= \frac{\beta}{1+\beta} \alpha A_t l_t^{\alpha-1} k_{t-1}^{1-\alpha} \\
&= \frac{\beta}{1+\beta} \alpha A_t k_{t-1}^{1-\alpha}
\end{aligned}
$$

(2) i) t기에 생산성(A)이 1단위 일시적으로 증가할 때 t기와 t+1기의 자본량의 변화를 구해보자.

$$k_t^* = \frac{\beta}{1+\beta} A_t \alpha k_{t-1}^{1-\alpha}$$

$$\Rightarrow \frac{\partial k_t^*}{\partial A_t} = \frac{\beta}{1+\beta} \alpha k_{t-1}^{1-\alpha} > 0$$

$$k_{t+1}{}^* = \frac{\beta}{1+\beta} A_{t+1} \alpha k_t^{1-\alpha}$$

$$= \frac{\alpha\beta}{1+\beta} A_{t+1} \left(\frac{\beta}{1+\beta} \alpha A_t k_{t-1}^{1-\alpha} \right)^{1-\alpha}$$

$$\frac{\partial k_{t+1}^*}{\partial A_t} = (1-\alpha) \left(\frac{\alpha\beta}{1+\beta} \right)^{2-\alpha} A_{t+1} A_t^{-\alpha} k_{t-1}^{(1-\alpha)^2} > 0$$

t기와 t+1기의 생산량의 변화를 구하면,

$$y_t = A_t k_{t-1}^{1-\alpha}$$

$$\Rightarrow \frac{\partial y_t}{\partial A_t} = k_{t-1}^{1-\alpha} > 0$$

$$y_{t+1} = A_{t+1} k_t^{1-\alpha}$$

$$= A_{t+1} \left(\frac{\alpha\beta}{1+\beta} A_t k_t^{1-\alpha} \right)^{1-\alpha}$$

$$\frac{\partial y_{t+1}}{\partial A_t} = \left(\frac{\alpha\beta}{1+\beta} \right)^{1-\alpha} (1-\alpha) A_{t+1} A_t^{-\alpha} k_t^{(1-\alpha)^2} > 0$$

ii) β 값에 따라서 변화하는 크기를 알아보면,

$$\frac{\partial}{\partial \beta} \left(\frac{\partial k_t^*}{\partial A_t} \right) = \frac{\alpha}{(1+\beta)^2} k_{t-1}^{1-\alpha} > 0 : \beta 가 클수록 증가한다.$$

$$\frac{\partial}{\partial \beta} \left(\frac{\partial k_{t+1}^*}{\partial A_t} \right) = 2 \left(\frac{\beta}{1+\beta} \right) \frac{1}{(1+\beta)^2} \alpha^2 (1-\alpha) A_{t+1} k_t^{-\alpha} k_{t-1}^{1-\alpha} > 0 : \beta 가 클$$

수록 증가한다.

$$\frac{\partial}{\partial \beta} \left(\frac{\partial y_t}{\partial A_t} \right) = 0 : \beta 와 관계없다.$$

$$\frac{\partial}{\partial \beta} \left(\frac{\partial y_{t+1}}{\partial A_t} \right) = \frac{1}{(1+\beta)^2} \alpha (1-\alpha) A_{t+1} k_t^{-\alpha} k_{t-1}^{1-\alpha} > 0 : \text{t+1기의 생산량의}$$

변화는 β 가 클수록 증가한다.

(3) 총소비: $C_t = Y_t - I_t$

$$= Y_t - k_t + (1-\delta)k_{t-1}$$

$$= A_t k_{t-1}^{1-\alpha} - \frac{\beta}{1+\beta}\alpha A_t k_{t-1}^{1-\alpha}$$

$$= \left(1 - \frac{\alpha\beta}{1+\beta}\right)A_t k_{t-1}^{1-\alpha}$$

총투자: $I_t = k_t \left(= Y_t - C_t\right) = \frac{\alpha\beta}{1+\beta}A_t k_{t-1}^{1-\alpha}$

생산성 변화에 대한 탄력도를 구해보면,

$$\frac{\partial C_t}{\partial A_t}\frac{A_t}{C_t} = 1$$

$$\frac{\partial I_t}{\partial A_t}\frac{A_t}{I_t} = 1$$

소비와 투자의 기술충격에 대한 변화율의 크기가 같다. 기술충격이 1%이면 소비, 투자, 생산량, 자본량이 모두 1% 변화한다. 감가상각률이 100%여서 $I_t = k_t$이므로 투자의 변화는 자본량의 변화와 같다. 이 모형에서 기술충격은 일시적이기 때문에 지속해서 영향을 미치지 못한다.

05

(1) 경제주체들이 미래의 소비보다 현재의 소비를 더 선호하면 소비자의 시간선호율 ρ가 상승한다(즉, β가 하락).

$$u(c) = u(c_1, c_2) = u(c_1) + \frac{1}{1+\rho}u(c_2)$$

ρ가 증가하면, 상대적으로 1기의 효용을 더 중요하게 생각하므로 1기의 소비가 증가한다. 즉, 현재의 소비는 증가하고, 현재의 저축(소득－소비)은 감소한다. 그래프로 보이면 아래와 같이 무차별곡선의 기울기가 ①에서 ②로 바뀌고 소비의 균형점이 달라진다. 저축이 감소하면서 투자가 감소하고 자본축적이 줄어든다.

〈그림 6-3〉 시간선호율 상승에 따른 소비의 변화

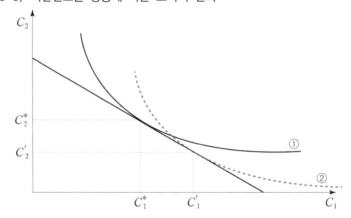

(2) ⅰ) 소비, 여가, 노동을 고려하여 노동공급곡선이 우상향하는 아래 그림에서 살펴보자. 소비자의 시간선호율이 상승하면 현재의 여가를 미래의 여가보다 선호하므로, 현재의 노동공급이 L_1로 감소한다. 노동공급량이 줄고, 실질임금이 상승한다.

〈그림 6-4〉 시간선호율 상승에 따른 노동시장의 변화

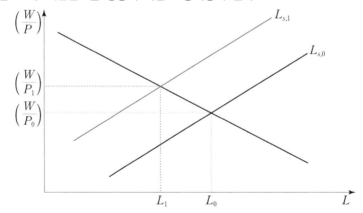

ii) 산출량의 변화를 아래 그림에서 살펴보자. 현재 소비의 증가로 Y^d가 증가하고 노동공급이 감소하여 Y^s가 감소한다.

〈그림 6-5〉 시간선호율 상승에 따른 상품시장의 변화

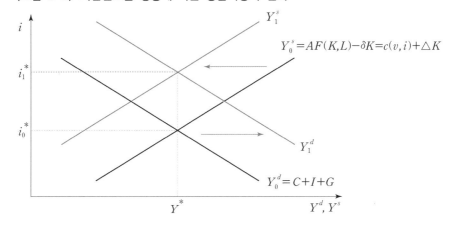

그림에서 Y는 균형수준에 있지만, 수요 선과 공급 선의 변동 폭에 따라 산출량의 변화는 달라질 수 있다 i는 i_0^*에서 i_1^*으로 상승한다. 저축과 투자가 감소하면 다음 기에는 산출량이 하락할 것이다. 그러나 노동의 기간 간 대체로 다음 기에 노동 공급을 늘리면 산출량이 늘어나는 효과가 발생한다.

06

(1) 주어진 문제에 대하여 라그랑지안을 세우면 다음과 같다.

$$\mathcal{L} = E_0 \left[\sum_{t=0}^{\infty} \left[\beta^t \left(\frac{C_t^{1-\sigma}}{1-\sigma} - \frac{L_t^{1+\varphi}}{1+\varphi} \right) + \lambda_t \left(w_t L_t + r_t K_t - C_t - K_{t+1} + (1-\delta)K_t \right) \right] \right]$$

그리고 소비, 노동, 자본에 대한 1계 조건을 구하면 다음과 같다.

$$\frac{\partial \mathcal{L}}{\partial C_t} = \beta^t C_t^{-\sigma} - \lambda_t = 0$$

$$\frac{\partial \mathcal{L}}{\partial L_t} = -\beta^t L_t^{\varphi} + \lambda_t W_t = 0$$

$$\frac{\partial \mathcal{L}}{\partial K_{t+1}} = -\lambda_t + \lambda_{t+1}\left[r_{t+1} + (1-\delta)\right] = 0$$

소비와 노동의 1계 조건을 결합하여, 현재 소비와 현재 노동 사이의 관계식을 구할 수 있다.

$$C_t^{-\sigma} W_t = L_t^{\varphi} \quad\text{……………………………………………………} ①$$

소비와 자본의 1계 조건을 결합하여 현재 소비와 미래 소비 사이의 관계식, 즉 오일러 방정식을 구할 수 있다.

$$C_t^{-\sigma} = \beta C_{t+1}^{-\sigma}\left[r_{t+1} + (1-\delta)\right] \quad\text{………………………………} ②$$

(2) 기업의 이윤을 극대화하는 문제를 풀면 다음과 같다.

$$Max\, \pi_t = Y_t - w_t L_t - r_t K_t$$

$$\frac{\partial \pi_t}{\partial L_t} = z_t K_t^{\alpha}(1-\alpha)L_t^{-\alpha} - w_t = 0$$

$$\frac{\partial \pi_t}{\partial K_t} = z_t \alpha K_t^{\alpha-1} L_t^{1-\alpha} - r_t = 0$$

따라서 다음의 관계식들이 성립한다.

$$w_t = z_t K_t^{\alpha}(1-\alpha)L_t^{-\alpha} \quad\text{………………………………………} ③$$
$$r_t = z_t \alpha K_t^{\alpha-1} L_t^{1-\alpha} \quad\text{………………………………………………} ④$$

(3) 균제상태를 구하기 위해 앞서 구한 식 ①~④와 투자 동학식, 가계의 제약식, 생산함수, 그리고 외생적 기술충격의 과정 등 아래의 식들을 고려할 수 있다.

$$C_t^{-\sigma} W_t = L_t^{\varphi} \quad \cdots\cdots\cdots\cdots\cdots\cdots\cdots\cdots\cdots\cdots\cdots\cdots\cdots\cdots \text{①}$$

$$C_t^{-\sigma} = \beta C_{t+1}^{-\sigma} \left[r_{t+1} + (1-\delta) \right] \quad \cdots\cdots\cdots\cdots\cdots \text{②}$$

$$w_t = z_t K_t^{\alpha} (1-\alpha) L_t^{-\alpha} \quad \cdots\cdots\cdots\cdots\cdots\cdots\cdots\cdots\cdots \text{③}$$

$$r_t = z_t \alpha K_t^{\alpha-1} L_t^{1-\alpha} \quad \cdots\cdots\cdots\cdots\cdots\cdots\cdots\cdots\cdots\cdots \text{④}$$

$$I_t = K_{t+1} - (1-\delta) K_t \quad \cdots\cdots\cdots\cdots\cdots\cdots\cdots\cdots\cdots\cdots \text{⑤}$$

$$C_t + K_{t+1} - (1-\delta) K_t = w_t L_t + r_t K_t \quad \cdots\cdots\cdots \text{⑥}$$

$$Y_t = z_t K_t^{\alpha} L_t^{1-\alpha} \quad \cdots\cdots\cdots\cdots\cdots\cdots\cdots\cdots\cdots\cdots\cdots \text{⑦}$$

$$\ln z_t = \rho_z \ln z_{t-1} + \varepsilon_{z,t} \quad \cdots\cdots\cdots\cdots\cdots\cdots\cdots\cdots\cdots \text{⑧}$$

이제 균제상태를 구해본다. 균제상태하에서의 변수에 대해서는 아랫첨자 ss를 붙이도록 한다.

먼저 $\ln z_{ss} = \rho_z \ln z_{ss}$이므로 $z_{ss} = 1$이다.

다음, 식 ②를 이용하여 r_{ss}를 구할 수 있다. $C_t^{-\sigma} = \beta C_{t+1}^{-\sigma} \left[r_{t+1} + (1-\delta) \right]$에서 $C_{ss}^{-\sigma} = \beta C_{ss}^{-\sigma} \left[r_{ss} + (1-\delta) \right]$이므로 $r_{ss} = \dfrac{1}{\beta} - (1-\delta)$를 구할 수 있다.

식 ④를 이용하여 $r_{ss} = \alpha \dfrac{Y_{ss}}{K_{ss}}$이므로 다음을 알 수 있다.

$$\frac{1}{\beta} - (1-\delta) = \alpha \frac{Y_{ss}}{K_{ss}},$$

$$\frac{Y_{ss}}{K_{ss}} = \frac{1}{\alpha} \left[\frac{1}{\beta} - (1-\delta) \right], \; 즉$$

$$Y_{ss} = \frac{1}{\alpha}\left[\frac{1}{\beta} - (1-\delta)\right]K_{ss}$$

식 ⑦을 이용하여 $\dfrac{Y_{ss}}{K_{ss}} = \left(\dfrac{K_{ss}}{L_{ss}}\right)^{\alpha-1}$ 이므로

$$\frac{K_{ss}}{L_{ss}} = \left[\frac{1}{\alpha}\left\{\frac{1}{\beta} - (1-\delta)\right\}\right]^{\frac{1}{\alpha-1}} (\equiv \kappa)$$을 구할 수 있다.

즉, $K_{ss} = \kappa L_{ss}$

식 ④에서 구한 결과에 식 ⑦을 이용한 결과를 대입하면,

$$Y_{ss} = \left[\frac{1}{\alpha}\left\{\frac{1}{\beta} - (1-\delta)\right\}\right]^{\frac{\alpha}{\alpha-1}} L_{ss} = \kappa^{\alpha}L_{ss}$$

식 ③에서

$$w_{ss} = (1-\alpha)\left(\frac{K_{ss}}{L_{ss}}\right)^{\alpha} = (1-\alpha)\left[\frac{1}{\alpha}\left\{\frac{1}{\beta} - (1-\delta)\right\}\right]^{\frac{\alpha}{\alpha-1}}$$

식 ①과 $Y_t = C_t + I_t$임을 이용하면

$$(Y_{ss} - \delta K_{ss})^{-\sigma}(1-\alpha)\kappa^{\alpha} = C_{ss}^{-\sigma} = L_{ss}^{\varphi}$$

이를 정리하면

$$\left(\kappa^{\alpha} - \delta\kappa\right)^{-\sigma}(1-\alpha)\kappa^{\alpha}L_{ss}^{-\sigma} = \left(\kappa^{\alpha}L_{ss} - \delta\kappa L_{ss}\right)^{-\sigma}(1-\alpha)\kappa^{\alpha} = L_{ss}^{\varphi}$$

$$L_{ss}^{\varphi+\sigma} = \frac{(1-\alpha)\kappa^{\alpha}}{(\kappa^{\alpha} - \delta\kappa)^{\sigma}}, \ \ 즉 \ L_{ss} = \left[\frac{(1-\alpha)\kappa^{\alpha}}{(\kappa^{\alpha} - \delta\kappa)^{\sigma}}\right]^{\frac{1}{\varphi+\sigma}}$$임을 구할 수 있다.

차례로 L_{ss}를 위에서 구한 식에 대입한다.

따라서, $Y_{ss} = \kappa^\alpha \left[\dfrac{(1-\alpha)\kappa^\alpha}{(\kappa^\alpha - \delta\kappa)^\sigma} \right]^{\frac{1}{\varphi+\sigma}}$, $K_{ss} = \kappa \left[\dfrac{(1-\alpha)\kappa^\alpha}{(\kappa^\alpha - \delta\kappa)^\sigma} \right]^{\frac{1}{\varphi+\sigma}}$ 임을 알 수 있다.

나머지에 대해서는 $C_{ss} = Y_{ss} - \delta K_{ss}$, $I_{ss} = \delta K_{ss}$, $r_{ss} = \alpha \dfrac{Y_{ss}}{K_{ss}}$ 이다.

(4) 로그 선형화에 대한 자세한 내용은 수학 부록을 참고하길 바란다.

식 ①을 로그 선형화하면 다음과 같다.

$$-\sigma\hat{c}_t + \hat{w}_t = \varphi\hat{l}_t$$

식 ②를 로그 선형화하면 다음과 같다.

$$-\sigma\ln c_t = -\sigma\ln c_{t+1} + \ln(r_{t+1} + (1-\delta))$$

$$-\sigma\left(\ln C_{ss} + \frac{C_t - C_{ss}}{C_{ss}}\right) = -\sigma\left(\ln C_{ss} + \frac{C_{t+1} - C_{ss}}{C_{ss}}\right) +$$

$$\left(\ln(r_{ss} + (1-\delta)) + \frac{1}{r_{ss} + (1-\delta)}(r_{t+1} - r_{ss})\right)$$

$$-\sigma\hat{c}_t = -\sigma\hat{c}_{t+1} + \left(\frac{r_{ss}}{r_{ss} + (1-\delta)}\hat{r}_{t+1}\right)$$

식 ③을 로그 선형화하면 다음과 같다.

$$\hat{w}_t = \hat{z}_t + \alpha\hat{k}_t - \alpha\hat{l}_t$$

식 ④를 로그 선형화하면 다음과 같다.

$$\hat{r}_t = \hat{z}_t + (1-\alpha)\hat{l}_t - (1-\alpha)\hat{k}_t$$

식 ⑤를 로그 선형화하면 다음과 같다.

$$\ln I_t = \ln\left(K_{t+1} - (1-\delta)K_t\right)$$

$$\ln I_{ss} + \frac{I_t - I_{ss}}{I_t} = \ln(\delta K_{ss}) + \frac{K_{ss}}{\delta K_{ss}}\frac{K_{t+1} - K_{ss}}{K_{ss}} - \frac{(1-\delta)K_{ss}}{\delta K_{ss}}\frac{K_t - K_{ss}}{K_{ss}}$$

$$\hat{i}_t = \frac{1}{\delta}\hat{k}_{t+1} - \frac{1-\delta}{\delta}\hat{k}_t$$

식 ⑥을 로그 선형화하면 다음과 같다.

$$C_{ss}\hat{c}_t + K_{ss}\hat{k}_{t+1} - (1-\delta)K_{ss}\hat{k}_t = w_{ss}L_{ss}\left(\hat{w}_t + \hat{l}_t\right) + r_{ss}K_{ss}\left(\hat{r}_t + \hat{k}_t\right)$$

식 ⑦을 로그 선형화하면 다음과 같다.

$$\hat{y}_t = \hat{z}_t + \alpha\hat{k}_t + (1-\alpha)\hat{l}_t$$

식 ⑧을 로그 선형화하면 다음과 같다.

$$\hat{z}_t = \rho_z\hat{z}_{t-1} + \varepsilon_{z,t}$$

5) 충격반응함수 결과를 구하기 위해서 Main.m, rbclinear.mod, 그리고 rbclinear_steadystatem.m 3개의 Matlab 파일을 아래와 같이 작성한다.

먼저 Main.m을 작성한다. 다른 두 개의 파일이 같은 디렉토리에 저장되어 있으면, 이 파일을 이용하여 $\beta = 0.99$와 $\beta = 0.997$일 때의 충격반응함수를 구할 수 있다.

〈그림 6-6〉 충격 반응 함수

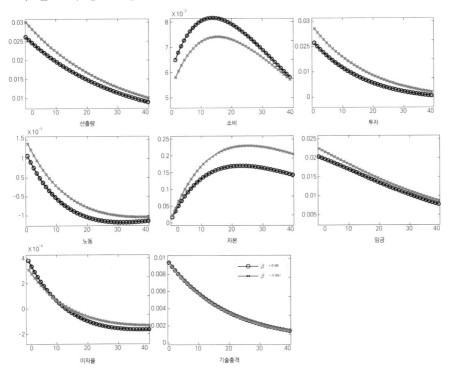

```
clear;
clc;
addpath('C:\MATLAB');

alphha = 1/3;
deltta = 0.025;
sigma = 2;
rhoz = 0.95;
varphi = 2;

betta = 0.99;
```

```
dynare rbclinear.mod

figure(1)

subplot(3,3,1)
plot(Y_eps_z,'-ko', 'LineWidth',1.5)
xlabel('산출량','FontSize',15,'FontWeight','bold')
hold on

subplot(3,3,2)
plot(C_eps_z,'-ko', 'LineWidth',1.5)
xlabel('소비','FontSize',15,'FontWeight','bold')
hold on

subplot(3,3,3)
plot(II_eps_z,'-ko', 'LineWidth',1.5)
xlabel('투자','FontSize',15,'FontWeight','bold')
hold on

subplot(3,3,4)
plot(N_eps_z,'-ko', 'LineWidth',1.5)
xlabel('노동','FontSize',15,'FontWeight','bold')
hold on

subplot(3,3,5)
plot(K_eps_z,'-ko', 'LineWidth',1.5)
xlabel('자본','FontSize',15,'FontWeight','bold')
hold on

subplot(3,3,6)
plot(W_eps_z,'-ko', 'LineWidth',1.5)
xlabel('임금','FontSize',15,'FontWeight','bold')
hold on

subplot(3,3,7)
plot(R_eps_z,'-ko', 'LineWidth',1.5)
xlabel('이자율','FontSize',15,'FontWeight','bold')
```

```
hold on

subplot(3,3,8)
plot(Z_eps_z,'-ko', 'LineWidth',1.5)
xlabel('기술충격','FontSize',15,'FontWeight','bold')
hold on
sgtitle('RBC Calibration Result')


betta = 0.997;

dynare rbclinear.mod

figure(1)
subplot(3,3,1)
plot(Y_eps_z,'-bx', 'LineWidth',1.5)

subplot(3,3,2)
plot(C_eps_z,'-bx', 'LineWidth',1.5)

subplot(3,3,3)
plot(II_eps_z,'-bx', 'LineWidth',1.5)

subplot(3,3,4)
plot(N_eps_z,'-bx', 'LineWidth',1.5)

subplot(3,3,5)
plot(K_eps_z,'-bx', 'LineWidth',1.5)

subplot(3,3,6)
plot(W_eps_z,'-bx', 'LineWidth',1.5)

subplot(3,3,7)
plot(R_eps_z,'-bx', 'LineWidth',1.5)

subplot(3,3,8)
plot(Z_eps_z,'-bx', 'LineWidth',1.5)
legend('$\beta$=0.99', '$\beta$=0.997', 'Interpreter','latex')
```

그리고 모형이 설정되어 있는 rbclinear.mod 파일은 아래와 같다. 해당 Dynare
코드는 4.5.7버전에서 작동된다.

```
var c k y z ii n w r C K Y Z II N W R;

varexo
    eps_z;

parameters
    alphha
    betta
    deltta
    rhoz
    sigma
    varphi;


set_param_value('alphha',alphha);
set_param_value('betta',betta);
set_param_value('deltta',deltta);
set_param_value('sigma',sigma);
set_param_value('rhoz',rhoz);
set_param_value('varphi',varphi);

model;
    #kappa = ((1/alphha)*((1/betta)-(1-deltta)))^(1/(alphha-1));
    #r_ss = (1/betta) - (1-deltta);
    #n_ss = ((1-alphha)*(kappa^alphha)/((kappa^alphha
            - deltta*kappa)^sigma))^(1/(varphi+sigma));
    #y_ss = kappa^alphha*n_ss;
    #k_ss = kappa*n_ss;
    #w_ss = (1-alphha)*kappa^alphha;
    #c_ss = y_ss - deltta*k_ss;
    #ii_ss = deltta*k_ss;

    c_ss*c + k_ss*k - (1-deltta)*k_ss*k(-1)
                    = w_ss*n_ss*(w+n) +r_ss*k_ss*(r+k(-1));
    -sigma*c + w=   varphi*n;
    -sigma*c = -sigma*c(+1) + (r_ss/(r_ss+1-deltta))*r(+1);
    y = z + alphha*k(-1) + (1-alphha)*n;
    ii = (1/deltta)*k - ((1-deltta)/deltta)*k(-1);
    w = z + alphha*k - alphha*n;
    r = z + (1-alphha)*n - (1-alphha)*k(-1);
    z = rhoz*z(-1) + eps_z;

    c = log(C) - log(c_ss);
    k = log(K) - log(k_ss);
```

```
    y = log(Y) − log(y_ss);
    z = log(Z);
    ii = log(II) − log(ii_ss);
    n = log(N)− log(n_ss);
    w = log(W) − log(w_ss);
    r = log(R) − log(r_ss);
end;

shocks;
    var eps_z; stderr 0.01;
end;

stoch_simul(order=1, irf=40, nograph) C K Y Z II N W R;
```

마지막으로 모형의 균제상태가 반영된 Matlab 코드(rbclinear_steadystate.m)는 다음과 같다.

```
function´ [ys,check] = rbclinear_steadystate(ys,exo)

global M_

alphha = get_param_by_name('alphha') ;
betta = get_param_by_name('betta') ;
deltta = get_param_by_name('deltta') ;
sigma = get_param_by_name('sigma') ;
varphi = get_param_by_name('varphi') ;

check=0;

z=0;
r=0;
n=0;
y=0;
k=0;
w=0;
c=0;
ii=0;
```

```
kappa = ((1/alphha)*((1/betta)-(1-deltta)))^(1/(alphha-1));
Z=1;
R=(1/betta) - (1-deltta);
N          =          ((1-alphha)*(kappa^alphha)/((kappa^alphha          -
deltta*kappa)^sigma))^(1/(varphi+sigma));
Y = kappa^alphha*N;
K = kappa*N;
W = (1-alphha)*kappa^alphha;
C = Y - deltta*K;
II= deltta*K;

xxx = [ ...
c
k
y
z
ii
n
w
r
C
K
Y
Z
II
N
W
R] ;

ys = (xxx) ;
```

CHAPTER
07

화폐와
불완전경쟁의
도입:
신축적 물가 모형

화폐와 불완전경쟁의 도입: 신축적 물가 모형

01

주어진 문제에 대해 라그랑지안(Lagrangian)을 세우면 아래와 같다.

$$\mathcal{L} = \mathrm{E}_0 \sum_{t=0}^{\infty} \beta^t \left[\frac{\left(C_t(1-L_t)^\nu \right)^{1-\theta}}{1-\theta} + \lambda_t(B_{t-1} + W_t L_t - T_t - P_t C_t - Q_t B_t) \right]$$

소비, 노동, 그리고 채권에 대한 1계 조건을 각각 구하면

$$\frac{\partial \mathcal{L}}{\partial C_t} = \beta^t \left[\left(C_t(1-L_t)^\nu \right)^{-\theta}(1-L_t)^\nu - \lambda_t P_t \right] = 0$$

$$\frac{\partial \mathcal{L}}{\partial L_t} = \beta^t \left[-\nu C_t(1-L_t)^{\nu-1} \left(C_t(1-L_t)^\nu \right)^{-\theta} + \lambda_t W_t \right] = 0$$

$$\frac{\partial \mathcal{L}}{\partial B_t} = \beta^t \left[-\lambda_t Q_t \right] + \beta^{t+1} \mathrm{E}_t \left[\lambda_{t+1} \right] = 0$$

소비에 대한 1계 조건과 노동에 대한 1계 조건을 합하면 아래와 같다.

$$\nu \frac{C_t}{1-L_t} = \frac{W_t}{P_t}$$

양변에 로그를 취하면 다음과 같다.

$$\log\nu + \log C_t - \log(1 - L_t) = \log W_t - \log P_t$$

그리고 테일러 전개를 통해 근사화를 하면 다음과 같다. 이때 임의의 변수 X_t에 대해서 $\hat{x}_t = \log X_t - \log X^* \approx \dfrac{X_t - X^*}{X^*}$이다. ($x_t = \log X_t$, X^*는 X_t의 균제상태 값이다.)

$$\hat{c}_t + \left(\frac{L^*}{1 - L^*}\right)\hat{l}_t = \hat{w}_t - \hat{p}_t$$

여기서 $\log(1 - L_t)$의 경우는 다음과 같이 구할 수 있다.

$$\log(1 - L_t) \approx \log(1 - L^*) - \frac{1}{1 - L^*}(L_t - L^*)$$

$$\log(1 - L_t) - \log(1 - L^*) \approx -\frac{L^*}{1 - L^*}\left(\frac{L_t - L^*}{L^*}\right) = -\frac{L^*}{1 - L^*}\hat{l}_t$$

소비에 대한 1계 조건과 채권에 대한 1계 조건을 합하면,

$$\frac{\left[C_t(1 - L_t)^\nu\right]^{-\theta}(1 - L_t)^\nu}{P_t}Q_t = \beta\mathrm{E}_t\left[\frac{\left[C_{t+1}(1 - L_{t+1})^\nu\right]^{-\theta}(1 - L_{t+1})^\nu}{P_{t+1}}\right]$$

$$Q_t = \beta\mathrm{E}_t\left[\left(\frac{C_{t+1}}{C_t}\right)^{-\theta}\left(\frac{1 - L_{t+1}}{1 - L_t}\right)^{(1-\theta)\nu}\frac{P_t}{P_{t+1}}\right]$$

따라서 로그 선형화를 하여 정리하면 아래와 같다.

$$\hat{c}_t = \mathrm{E}_t\left[\hat{c}_{t+1}\right] - \frac{1}{\theta}\left(i_t - \mathrm{E}_t\left[\pi_{t+1}\right]\right) - \left(\frac{L^*}{1 - L^*}\right)\frac{(1-\theta)\nu}{\theta}\left(\hat{l}_t - \mathrm{E}_t\left[\hat{l}_{t+1}\right]\right)$$

이때 본문과 같이 $i_t \equiv -\log Q_t$, $\pi_{t+1} = p_{t+1} - p_t$, $\rho \equiv -\log\beta$를 이용한다. 그리고 위 식은 균제상태에서 이탈(a deviation from its steady state)한 값으로 이뤄진 식이므로 상수항(이 경우 $\rho \equiv -\log\beta$)은 제거된다. 명목이자율 i_t의 경우, Q_t의 균제상태의 값이 1이므로 $\hat{i}_t = i_t - i^* = i_t$이다. 그리고 인플레이션 π_{t+1}의 균제값 역시 0이다.

02

(1) 첫 번째, 아래의 이자율 조절 통화정책을 가정한다.

$$i_t = \rho_t + \pi^* + \phi_\pi\left(\pi_t - \pi^*\right)$$

여기에서 ρ_t의 균제상태는 ρ이다. 이제 통화정책에서 $\phi_\pi \to \infty$인 경우에 $\pi_t = \pi^*$를 달성할 수 있다. 즉, 인플레이션이 조금만 이탈하더라도 명목이자율이 크게 반응할 것이기 때문이다.

두 번째 경우로, 아래와 같은 이자율 조절 통화정책을 가정한다.

$$i_t = \rho + \pi^* + \phi_\pi\left(\pi_t - \pi^*\right) + \phi_y(\mathrm{E}_t\left[y_{t+1}\right] - y_t)$$

피셔 방정식에 의해 $\mathrm{E}_t\left[\pi_{t+1}\right] = i_t - r_t$임을 알고 있다. 가정한 이자율 조절 통화정책을 피셔방정식 i_t에 대입하면 아래와 같다.

$$\mathrm{E}_t\left[\pi_{t+1}\right] = \rho + \pi^* + \phi_\pi\left(\pi_t - \pi^*\right) + \phi_y(\mathrm{E}_t\left[y_{t+1}\right] - y_t) - r_t$$

Dynamic IS 함수를 이용하여 위 식을 다시 쓰면 다음과 같다.

$$\mathrm{E}_t\left[\pi_{t+1}\right] = \rho + \pi^* + \phi_\pi\left(\pi_t - \pi^*\right) + \frac{\phi_y}{\theta}\left(r_t - \rho\right) - r_t$$

두 번째 경우는 위의 이자율정책에서 $\phi_y = \theta$일 때 발생한다. 즉, 통화당국이 가계의 위험계수를 정확하게 알고 있다고 가정하고 성장률에 대한 반응계수를 위험계수와 같은 값으로 설정하는 경우이다. 이 경우 이자율정책 반응함수는 다음과 같이 쓸 수 있다.

$$\mathrm{E}_t\left[\pi_{t+1}\right] = \rho + \pi^* + \phi_\pi\left(\pi_t - \pi^*\right) + \left(r_t - \rho\right) - r_t = \pi^* + \phi_\pi\left(\pi_t - \pi^*\right)$$

이제 $\mathrm{E}_t\left[\pi_{t+1}\right] - \pi^* = \phi_\pi\left(\pi_t - \pi^*\right)$이며 $\phi_\pi > 1$라면 인플레이션율은 다음과 같이 결정된다.

$$\pi_t - \pi^* = \frac{1}{\phi_\pi}\mathrm{E}_t\left[\pi_{t+1} - \pi^*\right] = \frac{1}{\phi_\pi}\mathrm{E}_t\left[\frac{1}{\phi_\pi}\mathrm{E}_{t+1}\left[\pi_{t+2} - \pi^*\right]\right] = \ldots$$
$$= \lim_{k \to \infty} \frac{1}{\phi_\pi^k}\mathrm{E}_t\left[\pi_{t+k} - \pi^*\right] = 0$$

따라서 모든 $t = 1, 2, 3, \ldots$에 대하여 $\pi_t = \pi^*$이다.

(2) 주어진 통화 수요 함수에서 명목이자율에 피셔방정식을 대입한다.

$$m_t = p_t + y_t - \eta i_t + \varepsilon_t^m$$
$$m_t = p_t + y_t - \eta\left(r_t + \mathrm{E}_t\left[\pi_{t+1}\right]\right) + \varepsilon_t^m$$

이를 정리하면 다음과 같다.

$$m_t = p_t + y_t - \eta\left(r_t + \mathrm{E}_t\left[p_{t+1}\right] - p_t\right) + \varepsilon_t^m$$
$$m_t = p_t + y_t - \eta r_t - \eta\mathrm{E}_t\left[p_{t+1}\right] + \eta p_t + \varepsilon_t^m$$

이를 물가 p_t에 대해서 다시 쓴다.

$$p_t = \frac{\eta}{1+\eta}\mathrm{E}_t[p_{t+1}] + \frac{1}{1+\eta}m_t + z_t$$

이때, $z_t = \eta r_t - y_t - \varepsilon_t^m$이다. 이를 미래에 대해서 계속 대입하면 다음과 같다.

$$p_t = m_t + \sum_{k=1}^{\infty}\left(\frac{\eta}{1+\eta}\right)^k \mathrm{E}_t[\Delta m_{t+k}] + z_t{'}$$

이때, $z_t{'} = \sum_{k=0}^{\infty}\left(\frac{\eta}{1+\eta}\right)^k \mathrm{E}_t[z_{t+1}]$이다.

$\pi_t = p_t - p_{t-1}$ 관계식과 p_t 식을 이용해 다음의 식을 구할 수 있다.

$$\pi_t = \left[\left(m_t + \left(\frac{\eta}{1+\eta}\right)\mathrm{E}_t[\Delta m_{t+1}] + \left(\frac{\eta}{1+\eta}\right)^2\mathrm{E}_t[\Delta m_{t+2}] + \dots\right) + z_t{'}\right]$$

$$- \left[\left(m_{t-1} + \left(\frac{\eta}{1+\eta}\right)\mathrm{E}_{t-1}[\Delta m_t] + \left(\frac{\eta}{1+\eta}\right)^2\mathrm{E}_{t-1}[\Delta m_{t+1}] + \dots\right) + z_{t-1}{'}\right]$$

모든 t에 대하여 $r_t = y_t = 0$이고 $\varepsilon_t^m = 0$이라고 가정한다. 이 경우 인플레이션율은 다음과 같이 결정된다.

$$\pi_t = \Delta m_t - \left(\frac{\eta}{1+\eta}\right)\mathrm{E}_{t-1}[\Delta m_t] + \left(\frac{\eta}{1+\eta}\right)\left[\mathrm{E}_t[\Delta m_{t+1}] - \left(\frac{\eta}{1+\eta}\right)\mathrm{E}_{t-1}[\Delta m_{t+1}]\right]$$

$$+ \left(\frac{\eta}{1+\eta}\right)^2\left[\mathrm{E}_t[\Delta m_{t+2}] - \left(\frac{\eta}{1+\eta}\right)\mathrm{E}_{t-1}[\Delta m_{t+2}]\right] + \dots$$

통화당국이 모든 t에 대하여 통화증가율을 $\Delta m_t = \pi^*$로 설정하면, 매기 인플레이션율이 π^*로 달성할 수 있다.

$$\pi_t = \pi^* - \frac{\eta}{1+\eta}\pi^* + \frac{1}{1+\eta}\left(\frac{\eta}{1+\eta}\right)\pi^* + \frac{1}{1+\eta}\left(\frac{\eta}{1+\eta}\right)^2\pi^* + \ldots = \frac{\dfrac{1}{1+\eta}\pi^*}{1-\dfrac{\eta}{1+\eta}} = \pi^*$$

(3) 위에서 우리는 모든 t에 대하여 실물경제에 충격이 발생하지 않으며 화폐수요충격도 $\varepsilon_t^m = 0$이라고 가정했다. 하지만 현실에서는 그렇지 못하므로 통화당국이 일정한 수준의 통화량 증가율을 유지한다면 목표 인플레이션율을 매기에 달성하기 어렵다.

(4) 물가수준에 반응하는 이자율 조절 통화정책을 피셔방정식에 대입하면 아래와 같다.

$$\mathrm{E}_t\left[\pi_{t+1}\right] = \rho + \phi_p\left(p_t - p^*\right) - r_t$$

$\hat{r}_t \equiv r_t - \rho$를 사용하면 다음과 같다.

$$\mathrm{E}_t\left[\pi_{t+1}\right] = \phi_p p_t - \phi_p p^* - \hat{r}_t$$

$$\mathrm{E}_t\left[p_{t+1}\right] - p_t = \phi_p p_t - \phi_p p^* - \hat{r}_t$$

$$\mathrm{E}_t\left[p_{t+1}\right] = \left(1 + \phi_p\right)p_t - \phi_p p^* - \hat{r}_t$$

따라서 다음과 같이 정리할 수 있다.

$$p_t = \frac{1}{1+\phi_p}\mathrm{E}_t\left[p_{t+1}\right] + \frac{\phi_p}{1+\phi_p}p^* + \frac{1}{1+\phi_p}\hat{r}_t$$

이를 미래에 대해서 대입하면 다음과 같다.

$$p_t = \frac{\phi_p}{1+\phi_p} p^* \sum_{k=0}^{\infty} \left(\frac{\phi_p}{1+\phi_p}\right)^k + \frac{1}{1+\phi_p} \sum_{k=0}^{\infty} \left(\frac{1}{1+\phi_p}\right)^k \mathrm{E}_t \left[\hat{r}_{t+k}\right]$$

$$p_t = p^* + \frac{1}{1+\phi_p} \sum_{k=0}^{\infty} \left(\frac{1}{1+\phi_p}\right)^k \mathrm{E}_t \left[\hat{r}_{t+k}\right]$$
$$= p^* + \frac{1}{1+\phi_p} \sum_{k=0}^{\infty} \left(\frac{1}{1+\phi_p}\right)^k \mathrm{E}_t \left[-\theta \psi_{ya}(1-\rho_a) a_{t+k}\right]$$

$$p_t = p^* - \frac{\theta \psi_{ya}(1-\rho_a)}{1+\phi_p} \sum_{k=0}^{\infty} \left(\frac{1}{1+\phi_p}\right)^k \mathrm{E}_t \left[a_{t+k}\right]$$

$\phi_p \to \infty$ 라면 p_t 가 p^* 에 수렴하는 것을 알 수 있다. 그리고 $\rho_a = 1$ 라면 물가 수준은 기술충격 a_t 에 영향을 받지 않는다. 이는 기술충격의 '성장률'에 영향을 받는 실질이자율 $\hat{r}_t = \theta \psi_{ya} E_t \left[\Delta a_{t+1}\right]$ 가 $\rho_a = 1$ 에서는 0이 되기 때문이다.

(5) 매기 일정한 통화량을 ($m_t = p^*$) 가정한 통화수요함수에 피셔 방정식을 대입한다.

$$p^* = p_t + y_t - \eta r_t - \eta \mathrm{E}_t \left[p_{t+1}\right] + \eta p_t + \varepsilon_t^m$$

$$(1+\eta)p_t = \eta \mathrm{E}_t \left[p_{t+1}\right] + p^* - y_t + \eta r_t - \varepsilon_t^m$$

$$p_t = \frac{\eta}{1+\eta} \mathrm{E}_t \left[p_{t+1}\right] + \frac{1}{1+\eta} p^* + \frac{\eta r_t - y_t}{1+\eta} - \varepsilon_t^m$$
$$= \frac{\eta}{1+\eta} \mathrm{E}_t \left[p_{t+1}\right] + \frac{1}{1+\eta} p^* + \omega_t - \varepsilon_t^m$$

여기서 $\omega_t = \dfrac{\eta r_t - y_t}{1+\eta}$ 이다. 미래에 대해 대입하면 다음과 같다.

$$p_t = \frac{1}{1+\eta} \sum_{k=0}^{\infty} \left(\frac{\eta}{1+\eta} \right)^k p^* + \sum_{k=0}^{\infty} \left(\frac{\eta}{1+\eta} \right)^k \mathrm{E}_t \left[\omega_{t+k} - \varepsilon_{t+k}^m \right]$$

이를 정리하면 다음과 같다.

$$p_t = p^* + \omega_t{}'$$

이때

$$\omega_t{}' = \sum_{k=0}^{\infty} \left(\frac{\eta}{1+\eta} \right)^k \mathrm{E}_t \left[\omega_{t+k} - \varepsilon_{t+k}^m \right]$$

$$= \sum_{k=0}^{\infty} \left(\frac{\eta}{1+\eta} \right)^k \mathrm{E}_t \left[\frac{\eta}{1+\eta} r_{t+k} - \frac{1}{1+\eta} y_{t+k} - \varepsilon_{t+k}^m \right]$$

$$= \sum_{k=0}^{\infty} \left(\frac{\eta}{1+\eta} \right)^k \mathrm{E}_t \left[\frac{\eta}{1+\eta} (\rho + \theta \psi_{ya}(1-\rho_a) a_{t+k}) - \frac{1}{1+\eta} (\psi_{ya} a_{t+k} + \vartheta_y) - \varepsilon_{t+k}^m \right]$$

$$= \sum_{k=0}^{\infty} \left(\frac{\eta}{1+\eta} \right)^k \mathrm{E}_t \left[\left(\frac{\eta \rho}{1+\eta} - \frac{\vartheta_y}{1+\eta} \right) + \left(\frac{\theta \psi_{ya} \eta (1-\rho_a)}{1+\eta} - \frac{\psi_{ya}}{1+\eta} \right) a_{t+1} - \varepsilon_{t+k}^m \right]$$

이다. ($\psi_{ya} \equiv \dfrac{1+\varphi}{\theta(1-\alpha)+\varphi+\alpha}$, $\vartheta_y \equiv \dfrac{(1-\alpha)(1+\varphi)}{\theta(1-\alpha)+\varphi+\alpha}$)

(6) 화폐수요 함수에 통화량 조절 통화정책을 대입하면 아래와 같다.

$$m_t - p_t = y_t - \eta i_t + \varepsilon_t^m$$

$$m_t = p^*$$

$$p^* - p_t = y_t - \eta i_t + \varepsilon_t^m$$

이를 명목이자율 i_t에 대해 정리하면 다음과 같다.

$$i_t = \frac{1}{\eta}y_t + \frac{1}{\eta}\left(p_t - p^*\right) + \frac{1}{\eta}\varepsilon_t^m$$

따라서 주어진 $i_t = \rho + \psi\left(p_t - p^*\right) + u_t$와 같다.

이때 $\psi = \frac{1}{\eta}$ 및 $u_t = \frac{1}{\eta}\left(y_t + \varepsilon_t^m\right) - \rho$이다.

(7) 각각의 통화정책에서 물가수준은 다음과 같다. 이자율 조절 통화정책의 경우는 다음과 같다.

$$p_t = p^* - \frac{\theta\psi_{ya}\left(1 - \rho_a\right)}{1 + \phi_p}\sum_{k=0}^{\infty}\left(\frac{1}{1 + \phi_p}\right)^k \mathrm{E}_t\left[a_{t+k}\right]$$

따라서 분산은 다음과 같다.

$$var\left(\frac{\theta\psi_{ya}\left(1 - \rho_a\right)}{1 + \phi_p}\sum_{k=0}^{\infty}\left(\frac{1}{1 + \phi_p}\right)^k \mathrm{E}_t\left[a_{t+k}\right]\right)$$

통화량 조절 통화정책의 경우는 다음과 같다.

$$\begin{aligned}
p_t &= p^* + \omega_t' \\
&= p^* + \sum_{k=0}^{\infty}\left(\frac{\eta}{1 + \eta}\right)^k \mathrm{E}_t\left[\left(\frac{\eta\rho}{1 + \eta} - \frac{\vartheta_y}{1 + \eta}\right) + \left(\frac{\theta\psi_{ya}\eta\left(1 - \rho_a\right)}{1 + \eta} - \frac{\psi_{ya}}{1 + \eta}\right)a_{t+k} - \varepsilon_{t+k}^m\right]
\end{aligned}$$

따라서 분산은 다음과 같다.

$$var\left(\sum_{k=0}^{\infty}\left(\frac{\eta}{1 + \eta}\right)^k\left[\left(\frac{\eta\rho}{1 + \eta} - \frac{\vartheta_y}{1 + \eta}\right) + \left(\frac{\theta\psi_{ya}\eta\left(1 - \rho_a\right)}{1 + \eta} - \frac{\psi_{ya}}{1 + \eta}\right)a_{t+k} - \varepsilon_{t+k}^m\right]\right)$$

이자율 조절 통화정책의 경우 화폐수요 충격 ε_m^t에 영향을 받지 않는다. 그리고 ϕ_p를 충분히 크게 함으로써 기술충격에 의한 물가의 변동 역시 줄일 수 있다. 반면 ϕ_p를 작게 설정한다면, 오히려 통화량 조절 통화정책의 경우보다 더 크게 기술충격의 분산의 영향을 받을 수 있다. (이자율 조절 통화정책은 ϕ_p를 조절할 수 있으나, 통화량 조절 통화정책은 η, θ 등의 경제 내의 파라미터에 의존한다.)

03

(1) 라그랑지안(Lagrangian)을 세우면 아래와 같다.

$$\mathcal{L} = \mathrm{E}_0 \sum_{t=0}^{\infty} \beta^t \left[\log C_t + \log \frac{M_t}{P_t} - \frac{L_t^{1+\varphi}}{1+\varphi} + \right.$$
$$\left. \lambda_t \left(M_{t-1} + B_{t-1} + W_t L_t - T_t - P_t C_t - M_t - Q_t B_t \right) \right]$$

소비, 노동, 화폐, 그리고 채권에 대한 1계 조건을 각각 구하면 아래와 같다.

$$\frac{\partial \mathcal{L}}{\partial C_t} = \beta^t \left[\frac{1}{C_t} - \lambda_t P_t \right] = 0$$

$$\frac{\partial \mathcal{L}}{\partial L_t} = \beta^t \left[-L_t^{\varphi} + \lambda_t W_t \right] = 0$$

$$\frac{\partial \mathcal{L}}{\partial M_t} = \beta^t \left[\frac{1}{M_t} - \lambda_t \right] + \mathrm{E}_t \left[\beta^{t+1} \lambda_{t+1} \right] = 0$$

$$\frac{\partial \mathcal{L}}{\partial B_t} = \beta^t \left[-\lambda_t Q_t \right] + \mathrm{E}_t \left[\beta^{t+1} \lambda_{t+1} \right] = 0$$

$Y_t(i) = A_t L_t(i)$이므로 다음이 성립한다.

$$Y_t = \int_0^1 Y_t(i)di = \int_0^1 A_t L_t(i)di = A_t \int_0^1 L_t(i)di = A_t L_t$$

기업의 이윤은 다음과 같다.

$$Profit_t = P_t Y_t - W_t L_t = P_t A_t L_t - W_t L_t$$

이윤을 극대화하는 노동에 대해 1계 조건을 구하면 노동 수요가 도출된다.

$$P_t A_t = W_t$$

(2) 균제상태에서는 $\varepsilon_t^m = \varepsilon_t^a = 0$이므로 소비와 노동의 1계 조건을 종합하면 다음과 같다.

$$L_t^\varphi C_t = \frac{W_t}{P_t}$$

그리고 소비와 채권의 1계 조건을 종합하면 아래와 같다.

$$\frac{Q_t}{P_t C_t} = \beta \mathrm{E}_t \left[\frac{1}{P_{t+1} C_{t+1}} \right]$$

소비와 화폐의 1계 조건을 종합하면 다음과 같다.

$$\frac{1}{M_t} = \frac{1}{P_t C_t} - \beta \mathrm{E}_t \left[\frac{1}{P_{t+1} C_{t+1}} \right]$$

기업의 이윤 극대화를 통해 구한 조건을 다시 상기해보자.

$$P_t A_t = W_t$$

그리고 기술과 통화의 동학에서 각각 다음이 성립한다.

$$A_t = A_0(1+\gamma_a)^t$$

$$M_t = M_0(1+\gamma_m)^t$$

마지막으로 시장청산조건과 생산함수를 통해 다음의 균형식을 구할 수 있다.

$$Y_t = C_t$$

$$Y_t = A_t L_t$$

균제상태를 구하기 위해 $L_t^\varphi C_t = \dfrac{W_t}{P_t}$에 대하여 생산함수와 노동수요식을 대입하면 다음이 성립한다.

$$L_t^\varphi Y_t = A_t L_t^{1+\varphi} = \frac{W_t}{P_t} = A_t$$

따라서 $L_t = 1$이다. 그러므로 $Y_t = A_t = C_t$가 성립한다.

$$L_t = 1$$

$$Y_t = C_t = A_t = A_0(1+\gamma_a)^t$$

힌트를 활용하여 문제를 풀어본다. 먼저 $\dfrac{P_t Y_t}{M_t} = V$라고 가정하자(guess).

이 가정하에서 $\dfrac{1}{M_t} = \dfrac{1}{P_t C_t} - \beta \mathrm{E}_t\left[\dfrac{1}{P_{t+1}C_{t+1}}\right]$에 의하여

$$\frac{P_t C_t}{M_t} = 1 - \beta \mathrm{E}_t\left[\frac{P_t C_t}{P_{t+1}C_{t+1}}\right], \text{ 즉}$$

$V = 1 - Q_t$가 성립한다. 그리고 다음의 관계식이 성립하게 된다.

$$Q_t = \beta \mathrm{E}_t \left[\frac{C_t}{C_{t+1}} \frac{P_t}{P_{t+1}} \right] = \beta \mathrm{E}_t \left[\frac{M_t}{M_{t+1}} \frac{V}{V} \right] = \beta \mathrm{E}_t \left[\frac{\exp(-\varepsilon_t^m)}{1+\gamma_m} \right] = \beta \frac{\exp(\sigma_m^2/2)}{1+\gamma_m}$$

최종적으로 $1 - V = \beta \dfrac{\exp(\sigma_m^2/2)}{1+\gamma_m}$ 으로 V가 상수임을 보일 수 있다(verify).

그리고 이를 이용하여 인플레이션의 균제 상태를 구하면 다음과 같다.

$$\Pi_{t+1} = \frac{P_{t+1}}{P_t} = \frac{V\dfrac{M_{t+1}}{A_{t+1}}}{V\dfrac{M_t}{A_t}} = \frac{M_{t+1}}{M_t} \frac{A_t}{A_{t+1}} = \frac{(1+\gamma_m)\exp(\varepsilon_{t+1}^m)}{(1+\gamma_a)\exp(\varepsilon_{t+1}^a)}$$

(3) 가계의 t기 효용함수가 $\log C_t + \log \dfrac{M_t}{P_t} - \dfrac{L_t^{1+\varphi}}{1+\varphi}$ 이므로 균형에서는 아래와 같다.

$$-\log V + 2\log A_t - \frac{1}{1+\varphi}$$

$V = 1 - \beta \dfrac{\exp(\sigma_m^2/2)}{1+\gamma_m}$ 이므로 효용은 통화공급의 분산이 커지거나, 통화증 가속도가 줄어들수록 증가한다.

이제 최적 통화 정책이 프리드먼 준칙임($i_t = 0$)을 보인다.
이를 보이는 방법으로는 사회적 계획자(social planner) 입장에서 문제를 풀어보는 것이다.

$$\mathcal{L}_{social} = \mathrm{E}_0 \sum_{t=0}^{\infty} \beta^t \left[\log C_t + \log \frac{M_t}{P_t} - \frac{L_t^{1+\varphi}}{1+\varphi} + \lambda_t (C_t - A_t L_t) \right]$$

이다. 이를 화폐에 대해서 풀면,

$$\frac{\partial \mathcal{L}_{social}}{\partial M_t} = \frac{1}{M_t} = 0$$

이다. 이때, 경쟁시장에서 구한 소비, 채권, 그리고 화폐의 1계 조건을 조합하면,

$$\frac{1}{M_t} = \frac{1 - Q_t}{P_t C_t}$$

이며 사회계획자의 1계 조건과 경쟁시장에서의 1계 조건들의 조합을 비교하면 결국 Q_t가 1일 때 경쟁시장에서 사회최적의 결과를 얻는다. 즉, 명목이자율(i_t)이 0인 프리드먼 준칙이 사회 최적이다.

이를 달성하기 위해서는 $1 - V = Q_t = 1$, 즉 $V = 0$이면 된다.

즉, $1 + \gamma_m = \beta \exp\left(\frac{\sigma_m^2}{2}\right)$을 성립하도록 하여 프리드먼 준칙을 달성할 수 있다.

경직적 물가의 도입과 동학적 뉴케인지언 기초 모형

경직적 물가의 도입과 동학적 뉴케인지언 기초 모형

01

(1) 공통점은 두 곡선 모두 물가와 실질변수(전통적인 필립스 곡선이 경우 실업률, 뉴케인지언 필립스 곡선의 경우 산출량갭)의 관계식을 나타내고 있다는 점이다. 특히, 총수요-총공급 평면에서 각각의 곡선은 총공급식을 나타낸다.

차이점은 전통적인 필립스 곡선에는 동학의 개념이 도입되어 있지 않으나, 뉴케인지언 필립스 곡선은 미래의 기대인플레이션이 현재의 인플레이션에 대해 미치는 영향이 명시적으로 드러나 있다. 그리고 문제에서 주어진 뉴케인지언 필립스 곡선에서 비용상승 인플레이션 요인이 드러나 있지 않다고 지적할 수 있으며, 이는 9장에서 비용인상 충격이 반영된 뉴케인지언 필립스 곡선을 통해 공부할 수 있다. 그리고 전통적인 필립스 곡선에서는 현재 실업률과 자연실업률의 차이가, 뉴케인지언 필립스 곡선에서는 산출량갭이 각각 실질변수 역할을 하는데, 오쿤의 법칙을 활용하여 전통적인 필립스 곡선 역시 산출량갭과 인플레이션 사이의 관계식으로 표현할 수 있다.

(2) 주어진 뉴케인지언 필립스 곡선에서 인플레이션을 미래에 대해서 계속 대입하면 다음과 같다.

$$\pi_t = \beta E_t\left[\pi_{t+1}\right] + \kappa \tilde{y}_t = \kappa \tilde{y}_t + \beta E_t\left[\kappa \tilde{y}_{t+1}\right] + \beta^2 E_t\left[\kappa \tilde{y}_{t+2}\right] + \ldots$$

$$= \kappa \sum_{k=0}^{\infty} \beta^k E_t\left[\tilde{y}_{t+k}\right]$$

따라서, 미래의 산출량갭에 대한 기대가 상승할 경우, 현재의 인플레이션이 상승할 수 있다. 다만, k기 이후의 산출량갭에 대한 기대가 β^k만큼 할인되므로, 시차 k가 작을수록(현재와 가까울수록) 미래의 산출량갭에 대한 기대가 현재 인플레이션에 대한 더 큰 영향을 미치게 된다.

(3) κ를 구성하는 파라미터들은 λ, θ, φ, α 등이 있다. 그리고 λ의 경우

$$\lambda = \frac{(1-\psi)(1-\beta\psi)}{\psi}\Theta = \frac{(1-\psi)(1-\beta\psi)}{\psi}\frac{1-\alpha}{1-\alpha+\alpha\varepsilon} \text{이다.}$$

중요한 파라미터인 가격의 경직성을 나타내는 ψ의 경우에 대해서 살펴보자. ψ가 커질수록 지난 기의 가격을 현재에도 유지할 확률이 증가하므로 가격의 경직성이 커지게 된다. 그리고 ψ가 커질수록 κ가 작아지며($\frac{\partial\kappa}{\partial\psi}<0$) 결국, 뉴케인지언 필립스 곡선의 기울기가 완만해진다. 이는, 우리가 학부 거시경제학에서도 배웠듯이, 가격이 경직적일 경우 총공급곡선이 수평에 가까워진다는 사실과 일맥상통한다.

그 밖에 가계의 위험 회피도를 나타내는 θ와 노동 효용 계수 φ가 증가할 경우, κ가 증가하게 되어 기울기가 가팔라지게 된다.

02

기업의 이윤의 현재가치 합을 극대화하기 위해 P_t^*에 대해 미분했을 경우 아래의 과정을 통해 $\sum_{k=0}^{\infty}\psi^k \mathrm{E}_t\left\{\frac{\Lambda_{t,t+k}}{P_{t+k}}Y_{t+k\,|\,t}\left(P_t^* - \mathrm{M}\psi_{t+k\,|\,t}\right)\right\}=0$임을 보일 수 있다.

$$\frac{\partial}{\partial P_t^*}\sum_{k=0}^{\infty}\psi^k \mathrm{E}_t\left\{\Lambda_{t,t+k}\frac{P_t^* Y_{t+k\mid t}-\Psi_{t+k}\left(Y_{t+k\mid t}\right)}{P_{t+k}}\right\}$$

$$=\frac{\partial}{\partial P_t^*}\sum_{k=0}^{\infty}\psi^k \mathrm{E}_t\left\{\frac{\Lambda_{t,t+k}}{P_{t+k}}\left(P_t^*\left(\frac{P_t^*}{P_{t+k}}\right)^{-\varepsilon}C_{t+k}-\Psi_{t+k}\left(\left(\frac{P_t^*}{P_{t+k}}\right)^{-\varepsilon}C_{t+k}\right)\right)\right\}$$

$$=\sum_{k=0}^{\infty}\psi^k \mathrm{E}_t\left\{\frac{\Lambda_{t,t+k}}{P_{t+k}}\left((1-\varepsilon)\left(\frac{P_t^*}{P_{t+k}}\right)^{-\varepsilon}C_{t+k}+\psi_{t+k\mid t}\,\varepsilon\left(\frac{P_t^*}{P_{t+k}}\right)^{-\varepsilon-1}\frac{C_{t+k}}{P_{t+k}}\right)\right\}$$

$$=\sum_{k=0}^{\infty}\psi^k \mathrm{E}_t\left\{\frac{\Lambda_{t,t+k}}{P_{t+k}}\left((1-\varepsilon)Y_{t+k\mid t}+\varepsilon\psi_{t+k\mid t}\,Y_{t+k\mid t}\frac{1}{P_t^*}\right)\right\}$$

$$=\sum_{k=0}^{\infty}\psi^k \mathrm{E}_t\left\{\frac{\Lambda_{t,t+k}}{P_{t+k}}\,Y_{t+k\mid t}\left((1-\varepsilon)+\varepsilon\psi_{t+k\mid t}\frac{1}{P_t^*}\right)\right\}=0$$

이때 $\psi_{t+k\mid t}$는 $Y_{t+k\mid t}$를 생산할 때의 명목한계비용을 의미한다. 주어진 식을 $1-\varepsilon$로 나누고 P_t^*를 곱하면 아래와 같이 유도할 수 있다.

$$\sum_{k=0}^{\infty}\psi^k \mathrm{E}_t\left\{\frac{\Lambda_{t,t+k}}{P_{t+k}}\,Y_{t+k\mid t}\left(P_t^*-\frac{\varepsilon}{\varepsilon-1}\psi_{t+k\mid t}\right)\right\}=0$$

03

우선 $\displaystyle\sum_{k=0}^{\infty}\psi^k \mathrm{E}_t\left\{\frac{\Lambda_{t,t+k}}{P_{t+k}}\,Y_{t+k\mid t}\left(P_t^*-\frac{\varepsilon}{\varepsilon-1}\psi_{t+k\mid t}\right)\right\}=0$을 정리하면 아래와

같다. 이때, $\mathrm{M}=\dfrac{\varepsilon}{1-\varepsilon}$이다.

$$\sum_{k=0}^{\infty}\psi^k \mathrm{E}_t\left\{\frac{\Lambda_{t,t+k}}{P_{t+k}}\,Y_{t+k\mid t}P_t^*\right\}=\mathrm{M}\sum_{k=0}^{\infty}\psi^k \mathrm{E}_t\left\{\frac{\Lambda_{t,t+k}}{P_{t+k}}\,Y_{t+k\mid t}\psi_{t+k\mid t}\right\}$$

$\Lambda_{t,t+k} = \beta^k \left(\dfrac{C_{t+k}}{C_t} \right)^{-\theta}$ 대입 후 식을 정리한다.

$$\sum_{k=0}^{\infty} \psi^k \mathrm{E}_t \left\{ \beta^k \left(\frac{C_{t+k}}{C_t} \right)^{-\theta} \frac{1}{P_{t+k}} \left(\frac{P_t^*}{P_{t+k}} \right)^{-\varepsilon} C_{t+k} P_t^* \right\}$$

$$= \frac{\varepsilon}{\varepsilon-1} \sum_{k=0}^{\infty} \psi^k \mathrm{E}_t \left\{ \beta^k \left(\frac{C_{t+k}}{C_t} \right)^{-\theta} \frac{1}{P_{t+k}} \left(\frac{P_t^*}{P_{t+k}} \right)^{-\varepsilon} C_{t+k} \psi_{t+k\,|\,t} \right\}$$

k에 영향을 받지 않는 항들을 정리하면 아래와 같다.

$$\left(P_t^* \right)^{1-\varepsilon} \sum_{k=0}^{\infty} \psi^k \mathrm{E}_t \left\{ \beta^k C_{t+k}^{1-\theta} P_{t+k}^{\varepsilon-1} \right\} = \frac{\varepsilon}{\varepsilon-1} \left(P_t^* \right)^{-\varepsilon} \sum_{k=0}^{\infty} \psi^k \mathrm{E}_t \left\{ \beta^k C_{t+k}^{1-\theta} P_{t+k}^{\varepsilon} \frac{\psi_{t+k\,|\,t}}{P_{t+k}} \right\}$$

이를 P_t^*에 대해 정리하면 다음과 같다.

$$P_t^* = \frac{\varepsilon}{\varepsilon-1} \frac{\displaystyle\sum_{k=0}^{\infty} \psi^k \mathrm{E}_t \left\{ \beta^k C_{t+k}^{1-\theta} P_{t+k}^{\varepsilon} \dfrac{\psi_{t+k\,|\,t}}{P_{t+k}} \right\}}{\displaystyle\sum_{k=0}^{\infty} \psi^k \mathrm{E}_t \left\{ \beta^k C_{t+k}^{1-\theta} P_{t+k}^{\varepsilon-1} \right\}}$$

$\psi = 0$ 인 경우, $P_t^* = \mathrm{M}\,\psi_{t\,|\,t}$가 된다. 즉, 매기 가격을 신축적으로 조정할 수 있는 경우, 기업은 한계비용에 마크업을 곱한 크기만큼 가격을 정하게 된다. 새롭게 두 변수 실질한계비용 $MC_{t+k\,|\,t} \equiv \dfrac{\psi_{t+k\,|\,t}}{P_{t+k}}$와 $\Pi_{t,t+k} \equiv \dfrac{P_{t+k}}{P_t}$ 을 정의하도록 한다. 그리고 균제상태(steady state)에서 각 변수의 값은 아래와 같다.

$$\frac{P_t^*}{P_{t-1}} = 1, \ \Pi_{t-1,t+k} = 1, \ P_t^* = P_{t+k} = \overline{P}, \ Y_{t+k\,|\,t} = Y,$$

$$MC_{t+k \mid t} = MC = \frac{1}{\text{M}}, \ \Lambda_{t,t+k} = \beta^k$$

이제 $P_t^* = \dfrac{\varepsilon}{\varepsilon - 1} \dfrac{\displaystyle\sum_{k=0}^{\infty} \psi^k \text{E}_t \left\{ \beta^k C_{t+k}^{1-\theta} P_{t+k}^{\varepsilon} \dfrac{\psi_{t+k \mid t}}{P_{t+k}} \right\}}{\displaystyle\sum_{k=0}^{\infty} \psi^k \text{E}_t \left\{ \beta^k C_{t+k}^{1-\theta} P_{t+k}^{\varepsilon-1} \right\}}$ 양변을 P_{t-1}로 나눠준다.

$$\frac{P_t^*}{P_{t-1}} = \frac{\varepsilon}{\varepsilon - 1} \frac{\displaystyle\sum_{k=0}^{\infty} \psi^k \text{E}_t \left\{ \beta^k C_{t+k}^{1-\theta} P_{t+k}^{\varepsilon} MC_{t+k \mid t} \right\}}{\displaystyle\sum_{k=0}^{\infty} \psi^k \text{E}_t \left\{ \beta^k C_{t+k}^{1-\theta} P_{t+k}^{\varepsilon-1} \right\}} \frac{1}{P_{t-1}}$$

이때, $MC_{t+k \mid t} \equiv \dfrac{\psi_{t+k \mid t}}{P_{t+k}}$ 이다. 다시 쓰면 다음과 같다.

$$\frac{P_t^*}{P_{t-1}} \sum_{k=0}^{\infty} \psi^k \text{E}_t \left\{ \beta^k C_{t+k}^{1-\theta} P_{t+k}^{\varepsilon-1} \right\} =$$

$$\frac{\varepsilon}{\varepsilon - 1} \sum_{k=0}^{\infty} \psi^k \text{E}_t \left\{ \beta^k C_{t+k}^{1-\theta} P_{t+k}^{\varepsilon} MC_{t+k \mid t} \right\} \frac{1}{P_{t-1}} \quad \cdots\cdots\cdots\cdots\cdots\cdots\cdots\cdots \text{(A1)}$$

이제 주어진 식 (A1)을 각 변수에 대하여 테일러 전개를 하면 다음과 같다. 먼저 (A1)의 좌변에 대해서 테일러 전개를 한다.

$$\frac{P_t^*}{P_{t-1}} \sum_{k=0}^{\infty} \psi^k \mathrm{E}_t \left\{ \beta^k C_{t+k}^{1-\theta} P_{t+k}^{\varepsilon-1} \right\}$$

$$= \sum_{k=0}^{\infty} \beta^k \psi^k C^{1-\theta} P^{\varepsilon-1} + \frac{1}{P} \mathrm{E}_t \sum_{k=0}^{\infty} \beta^k \psi^k C^{1-\theta} P^{\varepsilon-1} (P_t^* - P)$$

$$- \frac{P}{P^2} \mathrm{E}_t \sum_{k=0}^{\infty} \beta^k \psi^k C^{1-\theta} P^{\varepsilon-1} (P_{t-1} - P)$$

$$+ \mathrm{E}_t \sum_{k=0}^{\infty} \beta^k \psi^k C^{1-\theta} (\varepsilon-1) P^{\varepsilon-2} (P_{t+k} - P)$$

$$+ \mathrm{E}_t \sum_{k=0}^{\infty} \beta^k \psi^k (1-\theta) C^{-\theta} P^{\varepsilon-1} (C_{t+k} - C)$$

$$= \sum_{k=0}^{\infty} \beta^k \psi^k C^{1-\theta} P^{\varepsilon-1} + \mathrm{E}_t \sum_{k=0}^{\infty} \beta^k \psi^k C^{1-\theta} P^{\varepsilon-1} (p_t^* - p)$$

$$- \mathrm{E}_t \sum_{k=0}^{\infty} \beta^k \psi^k C^{1-\theta} P^{\varepsilon-1} (p_{t-1} - p)$$

$$+ \mathrm{E}_t \sum_{k=0}^{\infty} \beta^k \psi^k C^{1-\theta} (\varepsilon-1) P^{\varepsilon-1} (p_{t+k} - p)$$

$$+ \mathrm{E}_t \sum_{k=0}^{\infty} \beta^k \psi^k (1-\theta) C^{1-\theta} P^{\varepsilon-1} (c_{t+k} - c)$$

$$= C^{1-\theta} P^{\varepsilon-1} \mathrm{E}_t \sum_{k=0}^{\infty} \beta^k \psi^k \big[1 + (p_t^* - p) - (p_{t-1} - p) + (\varepsilon-1)(p_{t+k} - p)$$

$$+ (1-\theta)(c_{t+k} - c) \big]$$

$$= C^{1-\theta} P^{\varepsilon-1} \mathrm{E}_t \sum_{k=0}^{\infty} \beta^k \psi^k \big[1 + p_t^* - p_{t-1} + (\varepsilon-1)(p_{t+k} - p) + (1-\theta)(c_{t+k} - c) \big]$$

이때,

$$p_t^* - p = \frac{P_t^* - P}{P}, \, p_{t-1} - p = \frac{P_{t-1} - P}{P}, \, p_{t+k} - p = \frac{P_{t+k} - P}{P},$$

$$c_{t+k} - c = \frac{C_{t+k} - C}{C} \text{이다.}$$

이제 (A1)의 우변에 대해서 테일러 전개를 한다.

$$\frac{\varepsilon}{\varepsilon-1}\sum_{k=0}^{\infty}\psi^k \mathrm{E}_t\left\{\beta^k C_{t+k}^{1-\theta}P_{t+k}^{\varepsilon}MC_{t+k\mid t}\right\}\frac{1}{P_{t-1}}$$

$$-\frac{\varepsilon}{\varepsilon-1}\sum_{k=0}^{\infty}\beta^k\psi^k C^{1-\theta}P^{\varepsilon}MC\frac{1}{P}-\frac{\varepsilon}{\varepsilon-1}\sum_{k=0}^{\infty}\beta^k\psi^k C^{1-\theta}P^{\varepsilon}MC\frac{1}{P^2}(P_{t-1}-P)$$

$$+\frac{\varepsilon}{\varepsilon-1}\mathrm{E}_t\sum_{k=0}^{\infty}\beta^k\psi^k C^{1-\theta}\varepsilon P^{\varepsilon-1}MC\frac{1}{P}(P_{t+k}-P)$$

$$+\frac{\varepsilon}{\varepsilon-1}\mathrm{E}_t\sum_{k=0}^{\infty}\beta^k\psi^k(1-\theta)C^{-\theta}P^{\varepsilon}MC\frac{1}{P}(C_{t+k}-C)$$

$$+\frac{\varepsilon}{\varepsilon-1}\mathrm{E}_t\sum_{k=0}^{\infty}\beta^k\psi^k C^{1-\theta}P^{\varepsilon}\frac{1}{P}(MC_{t+k\mid t}-MC)$$

$$=\frac{\varepsilon}{\varepsilon-1}\sum_{k=0}^{\infty}\beta^k\psi^k C^{1-\theta}P^{\varepsilon-1}MC-\frac{\varepsilon}{\varepsilon-1}\sum_{k=0}^{\infty}\beta^k\psi^k C^{1-\theta}P^{\varepsilon-1}MC(p_{t-1}-p)$$

$$+\frac{\varepsilon}{\varepsilon-1}\mathrm{E}_t\sum_{k=0}^{\infty}\beta^k\psi^k C^{1-\theta}P^{\varepsilon-1}MC\varepsilon(p_{t+k}-p)$$

$$+\frac{\varepsilon}{\varepsilon-1}\mathrm{E}_t\sum_{k=0}^{\infty}\beta^k\psi^k C^{1-\theta}P^{\varepsilon-1}MC(1-\theta)(c_{t+k}-c)$$

$$+\frac{\varepsilon}{\varepsilon-1}\mathrm{E}_t\sum_{k=0}^{\infty}\beta^k\psi^k C^{1-\theta}P^{\varepsilon-1}MC(mc_{t+k\mid t}-mc)$$

$$=\frac{\varepsilon}{\varepsilon-1}C^{1-\theta}P^{\varepsilon-1}MC\mathrm{E}_t\sum_{k=0}^{\infty}\beta^k\psi^k$$
$$\left[1-p_{t-1}+\varepsilon p_{t+k}-(\varepsilon-1)p+(1-\theta)(c_{t+k}-c)+(mc_{t+k\mid t}-mc)\right]$$

이때,

$$p_t^*-p=\frac{P_t^*-P}{P},\, p_{t-1}-p=\frac{P_{t-1}-P}{P},\, p_{t+k}-p=\frac{P_{t+k}-P}{P},$$

$$c_{t+k}-c=\frac{C_{t+k}-C}{C}$$

$$mc_{t+k\mid t}-mc=\frac{MC_{t+k\mid t}-MC}{MC}\text{이다.}$$

따라서 좌변과 우변을 다시 정리하면 다음과 같다.

$$C^{1-\theta}P^{\varepsilon-1}\mathrm{E}_t\sum_{k=0}^{\infty}\beta^k\psi^k\left[1+p_t^*-p_{t-1}+(\varepsilon-1)(p_{t+k}-p)+(1-\theta)(c_{t+k}-c)\right]$$

$$=\frac{\varepsilon}{\varepsilon-1}C^{1-\theta}P^{\varepsilon-1}MC\mathrm{E}_t\sum_{k=0}^{\infty}\beta^k\psi^k$$
$$\left[1-p_{t-1}+\varepsilon p_{t+k}-(\varepsilon-1)p+(1-\theta)(c_{t+k}-c)+(mc_{t+k\mid t}-mc)\right]$$

공통적인 변수들을 모두 약분하면

$$\mathrm{E}_t\sum_{k=0}^{\infty}\beta^k\psi^k(p_t^*-p_{t+k})=\mathrm{E}_t\sum_{k=0}^{\infty}\beta^k\psi^k(mc_{t+k\mid t}-mc)\text{이며}$$

이를 정리하면 다음과 같다.

$$\frac{p_t^*}{1-\beta\psi}=\mathrm{E}_t\sum_{k=0}^{\infty}\beta^k\psi^k\left[mc_{t+k\mid t}-mc+p_{t+k}\right]$$

$$p_t^*=(1-\beta\psi)\mathrm{E}_t\sum_{k=0}^{\infty}\beta^k\psi^k\left[mc_{t+k\mid t}-mc+p_{t+k}\right]$$

04

주어진 식을 다음과 같이 정리한다.

$$p_t^*=\mu+(1-\beta\psi)\mathrm{E}_t\sum_{k=0}^{\infty}\beta^k\psi^k\left[mc_{t+k\mid t}+p_{t+k}\right]$$

$$=\mu+(1-\beta\psi)\mathrm{E}_t\sum_{k=0}^{\infty}\beta^k\psi^k\left[mc_{t+k}-\frac{\alpha\varepsilon}{1-\alpha}(p_t^*-p_{t+k})+p_{t+k}\right]$$

$$=(1-\beta\psi)\mathrm{E}_t\sum_{k=0}^{\infty}\beta^k\psi^k\left[(mc_{t+k}-mc)-\frac{\alpha\varepsilon}{1-\alpha}(p_t^*-p_{t+k})+p_{t+k}\right]$$

이를 p_t^*에 대해 정리한다.

$$\left(1 + \frac{\alpha\varepsilon}{1-\alpha}\right)p_t^* = (1-\beta\psi)\mathrm{E}_t \sum_{k=0}^{\infty} \beta^k \psi^k \left[\widehat{mc}_{t+k} + \left(1 + \frac{\alpha\varepsilon}{1-\alpha}\right)p_{t+k}\right]$$

$$p_t^* = (1-\beta\psi)\mathrm{E}_t \sum_{k=0}^{\infty} \psi^k \beta^k \left[\Theta\widehat{mc}_{t+k} + p_{t+k}\right]$$

이때, $\Theta = \dfrac{1-\alpha}{1-\alpha+\alpha\varepsilon}$ 이다. 양변에 p_{t-1}을 차감한다. 우변의 경우

$p_{t-1} = (1-\beta\psi)\sum_{k=0}^{\infty} \beta^k \psi^k p_{t-1}$ 이므로 p_{t-1}을 차감하여 정리할 수 있다.

$$p_t^* - p_{t-1} = (1-\beta\psi)\mathrm{E}_t \sum_{k=0}^{\infty} \beta^k \psi^k \left[\Theta\widehat{mc}_{t+k} + p_{t+k} - p_{t-1}\right]$$

$$= (1-\beta\psi)\mathrm{E}_t \sum_{k=0}^{\infty} \beta^k \psi^k \left[\Theta\widehat{mc}_{t+k}\right] + (1-\beta\psi)\mathrm{E}_t \sum_{k=0}^{\infty} \beta^k \psi^k \left[p_{t+k} - p_{t-1}\right]$$

$$= (1-\beta\psi)\mathrm{E}_t \sum_{k=0}^{\infty} \beta^k \psi^k \left[\Theta\widehat{mc}_{t+k}\right] + (1-\beta\psi)\mathrm{E}_t \big[(p_t - p_{t-1}) + \beta\psi(p_{t+1} - p_{t-1})$$

$$+ \beta^2\psi^2(p_{t+2} - p_{t-1}) + \beta^3\psi^3(p_{t+3} - p_{t-1}) + \cdots \big]$$

$$= (1-\beta\psi)\mathrm{E}_t \sum_{k=0}^{\infty} \beta^k \psi^k \left[\Theta\widehat{mc}_{t+k}\right] + (1-\beta\psi)\mathrm{E}_t \big[(p_t - p_{t-1})$$

$$+ \beta\psi(p_{t+1} - p_t + p_t - p_{t-1})$$

$$+ \beta^2\psi^2(p_{t+2} - p_{t+1} + p_{t+1} - p_t + p_t - p_{t-1})$$

$$+ \beta^3\psi^3(p_{t+3} - p_{t+2} + p_{t+2} - p_{t+1} + p_{t+1} - p_t + p_t - p_{t-1}) + \cdots \big]$$

$$= (1-\beta\psi)\mathrm{E}_t \sum_{k=0}^{\infty} \beta^k \psi^k \left[\Theta\widehat{mc}_{t+k}\right]$$

$$+ (1-\beta\psi)\mathrm{E}_t \big[\pi_t + \beta\psi(\pi_{t+1} + \pi_t) + \beta^2\psi^2(\pi_{t+2} + \pi_{t+1} + \pi_t)$$

$$+ \beta^3\psi^3(\pi_{t+3} + \pi_{t+2} + \pi_{t+1} + \pi_t) + \cdots \big]$$

$$= (1-\beta\psi)\mathrm{E}_t \sum_{k=0}^{\infty} \beta^k\psi^k \left[\Theta\widehat{mc}_{t+k}\right] + \mathrm{E}_t\left[\pi_t + \beta\psi(\pi_{t+1}+\pi_t) + \beta^2\psi^2(\pi_{t+2}+\pi_{t+1}+\pi_t)\right.$$

$$\left. + \beta^3\psi^3(\pi_{t+3}+\pi_{t+2}+\pi_{t+1}+\pi_t)+\cdots\right]$$

$$- \mathrm{E}_t\left[\beta\psi\pi_t + \beta^2\psi^2(\pi_{t+1}+\pi_t) + \beta^3\psi^3(\pi_{t+2}+\pi_{t+1}+\pi_t)\right.$$

$$\left. + \beta^4\psi^4(\pi_{t+3}+\pi_{t+2}+\pi_{t+1}+\pi_t)+\cdots\right]$$

$$= (1-\beta\psi)\mathrm{E}_t \sum_{k=0}^{\infty} \beta^k\psi^k \left[\Theta\widehat{mc}_{t+k}\right] + \mathrm{E}_t\left[\pi_t + \beta\psi\pi_{t+1} + \beta^2\psi^2\pi_{t+2} + \beta^3\psi^3\pi_{t+3} +\cdots\right]$$

$$= (1-\beta\psi)\mathrm{E}_t \sum_{k=0}^{\infty} \beta^k\psi^k \left[\Theta\widehat{mc}_{t+k}\right] + \sum_{k=0}^{\infty} \beta^k\psi^k \mathrm{E}_t\left[\pi_{t+k}\right]$$

따라서 $p_t^* - p_{t-1} = (1-\beta\psi)\mathrm{E}_t \sum_{k=0}^{\infty} \beta^k\psi^k \left[\Theta\widehat{mc}_{t+k}\right] + \sum_{k=0}^{\infty} \beta^k\psi^k \mathrm{E}_t\left[\pi_{t+k}\right]$ 이다.

이제 이를 다시 아래와 같이 정리한다.

$$p_t^* - p_{t-1} = (1-\beta\psi)\mathrm{E}_t \sum_{k=0}^{\infty} \beta^k\psi^k \left[\Theta\widehat{mc}_{t+k}\right] + \sum_{k=0}^{\infty} \beta^k\psi^k \mathrm{E}_t\left[\pi_{t+k}\right]$$

$$= (1-\beta\psi)\mathrm{E}_t \sum_{k=1}^{\infty} \beta^k\psi^k \left[\Theta\widehat{mc}_{t+k}\right] + \sum_{k=1}^{\infty} \beta^k\psi^k \mathrm{E}_t\left[\pi_{t+k}\right] + (1-\beta\psi)\Theta\widehat{mc}_t + \pi_t$$

$$= (1-\beta\psi)\mathrm{E}_t \sum_{k=1}^{\infty} \beta^k\psi^k \left[\Theta\widehat{mc}_{t+k}\right] + \sum_{k=1}^{\infty} \beta^k\psi^k \mathrm{E}_t\left[\pi_{t+k}\right] + (1-\beta\psi)\Theta\widehat{mc}_t + \pi_t$$

$$= \beta\psi\left[(1-\beta\psi)\mathrm{E}_t \sum_{k=0}^{\infty} \beta^k\psi^k \left[\Theta\widehat{mc}_{t+k+1}\right] + \sum_{k=0}^{\infty} \beta^k\psi^k \mathrm{E}_t\left[\pi_{t+k+1}\right]\right]$$
$$+ (1-\beta\psi)\Theta\widehat{mc}_t + \pi_t$$

$$= \beta\psi\mathrm{E}_t\left[p_{t+1}^* - p_t\right] + (1-\beta\psi)\Theta\widehat{mc}_t + \pi_t$$

$$d_t \equiv (1-\alpha)\log \int_0^1 \left(\frac{P_t(i)}{P_t}\right)^{-\frac{\varepsilon}{1-\alpha}} di = (1-\alpha)\log \int_0^1 \exp\left(-\frac{\varepsilon}{1-\alpha}(p_t(i)-p_t)\right)di$$

균제 상태에서는 모든 $i \in [0,1]$에 대하여 $P_t(i) = P_t$이다. 따라서 다음의 관계식이 성립한다.

$$1 = \int_0^1 \left(\frac{P_t(i)}{P_t}\right)^{1-\varepsilon} di = \int_0^1 \exp((1-\varepsilon)(p_t(i)-p_t))di$$

여기서 $p_t(i) = \ln P_t(i)$, $p_t = \ln P_t$이다. 우변을 2차항까지 테일러 전개를 하면 다음과 같다.

$$\int_0^1 \exp((1-\varepsilon)(p_t(i)-p_t))di$$

$$\approx 1 + (1-\varepsilon)\int_0^1 (p_t(i)-p_t)di + \frac{(1-\varepsilon)^2}{2}\int_0^1 (p_t(i)-p_t)^2 di$$

따라서, 다음의 관계식이 성립한다.

$$p_t \approx \int_0^1 p_t(i)di + \frac{1-\varepsilon}{2}\int_0^1 (p_t(i)-p_t)^2 di \quad \cdots\cdots\cdots\cdots\cdots\cdots (A2)$$

이제 $\int_0^1 \left(\frac{P_t(i)}{P_t}\right)^{-\frac{\varepsilon}{1-\alpha}} di$ 의 경우

$$\int_0^1 \left(\frac{P_t(i)}{P_t}\right)^{-\frac{\varepsilon}{1-\alpha}} di = \int_0^1 \exp\left\{-\frac{\alpha}{1-\varepsilon}(p_t(i)-p_t)\right\}di \text{ 이다.}$$

위와 같이 테일러 전개를 하면 다음과 같다.

$$\int_0^1 \exp\left\{-\frac{\alpha}{1-\varepsilon}(p_t(i)-p_t)\right\}di$$

$$\approx 1 - \frac{\varepsilon}{1-\alpha}\int_0^1 (p_t(i)-p_t)di + \frac{1}{2}\left(\frac{\varepsilon}{1-\alpha}\right)^2\int_0^1 (p_t(i)-p_t)^2 di$$

$$\approx 1 + \frac{1}{2}\frac{\varepsilon(1-\varepsilon)}{1-\alpha}\int_0^1 (p_t(i)-p_t)^2 di + \frac{1}{2}\left(\frac{\varepsilon}{1-\alpha}\right)^2\int_0^1 (p_t(i)-p_t)^2 di$$

$$= 1 + \frac{1}{2}\left(\frac{\varepsilon}{1-\alpha}\right)\frac{1}{\Theta}\int_0^1 (p_t(i)-p_t)^2 di \quad where \quad \Theta = \frac{1-\alpha}{1-\alpha+\alpha\varepsilon}$$

$$\approx 1 + \frac{1}{2}\left(\frac{\varepsilon}{1-\alpha}\right)\frac{1}{\Theta}var_i\{p_t(i)\} > 1$$

두 번째 근사는 식(A2)에서 유도되며 마지막 근사는

$$\int_0^1 (p_t(i)-p_t)^2 di \approx \int_0^1\left(p_t(i)-\int_0^1 p_t(j)dj\right)^2 di \equiv var_i\{p_t(i)\}$$ 이기 때문이다.

따라서 위의 사실들을 이용하면

$$d_t \equiv (1-\alpha)\log\int_0^1 \left(\frac{P_t(i)}{P_t}\right)^{-\frac{\varepsilon}{1-\alpha}}di \approx \frac{1}{2}\frac{\varepsilon}{\Theta}var_i\{p_t(i)\}$$ 로 2차 근사를 해야

비로소 0이 아닌 크기를 갖는다. 따라서 1차 선형 근사 모형에서 '가격의 흩어짐' 부분은 고려하지 않아도 문제가 되지 않는다.

동태적 확률
일반균형(DSGE)
모형과
통화정책

DYNAMIC MACROECONOMICS
GROWTH AND FLUCTUATIONS

동태적 확률 일반균형(DSGE) 모형과 통화정책

01

$\tilde{y}_t = \psi_{yv}v_t$ 및 $\pi_t = \psi_{\pi v}v_t$로 추측(guess)할 경우, 각각의 파라미터 ψ_{yv}와 $\psi_{\pi v}$를 구해보도록 한다.

DIS 곡선에 주어진 이자율 규칙을 대입한다.

$$\tilde{y}_t = \mathrm{E}_t\left[\tilde{y}_{t+1}\right] - \frac{1}{\theta}\left(i_t - \mathrm{E}_t\left[\pi_{t+1}\right] - r_t^n\right)$$

$$= \mathrm{E}_t\left[\tilde{y}_{t+1}\right] - \frac{1}{\theta}\left(\left(\rho + \phi_\pi\pi_t + \phi_y\tilde{y}_t + v_t\right) - \mathrm{E}_t\left[\pi_{t+1}\right] - r_t^n\right)$$

$$= \mathrm{E}_t\left[\tilde{y}_{t+1}\right] - \frac{1}{\theta}\left(\phi_\pi\pi_t + \phi_y\tilde{y}_t + v_t - \mathrm{E}_t\left[\pi_{t+1}\right]\right)$$

마지막 등호는 $\hat{r}_t^n = 0$을 가정했기 때문이다. 이제 앞서 추측(guess)한 $\tilde{y}_t = \psi_{yv}v_t$를 대입한다.

$$\psi_{yv}v_t = \mathrm{E}_t\left[\psi_{yv}v_{t+1}\right] - \frac{1}{\theta}\left(\phi_\pi\psi_{\pi v}v_t + \phi_y\psi_{yv}v_t + v_t - \mathrm{E}_t\left[\psi_{\pi v}v_{t+1}\right]\right)$$

$$= \psi_{yv}\rho_v v_t - \frac{1}{\theta}\left(\phi_\pi\psi_{\pi v}v_t + \phi_y\psi_{yv}v_t + v_t - \psi_{\pi v}\rho_v v_t\right)$$

이를 정리하면 다음과 같다.

$$\psi_{\pi v} = -\frac{\kappa}{(1-\beta\rho_v)\left[\theta(1-\rho_v)+\phi_y\right]+\kappa(\phi_\pi-\rho_v)} = -\kappa\Lambda_v$$

$\pi_t = \beta\mathrm{E}_t\left[\pi_{t+1}\right]+\kappa\tilde{y}_t$에 대해서도 생각해본다. 먼저 π_t에 대한 추측(guess)인 $\pi_t = \psi_{\pi v}v_t$를 대입한다.

$$\psi_{\pi v}v_t = \beta\mathrm{E}_t\left[\psi_{\pi v}v_{t+1}\right]+\kappa\psi_{yv}v_t$$
$$= \beta\mathrm{E}_t\left[\psi_{\pi v}\left(\rho_v v_t+\varepsilon_{t+1}^v\right)\right]+\kappa\psi_{yv}v_t$$

이를 정리하면 $\psi_{yv} = \dfrac{1-\beta\rho_v}{\kappa}\psi_{\pi v}$이다. 따라서 다음이 성립한다.

$$\psi_{yv} = -\frac{1-\beta\rho_v}{\kappa}\kappa\Lambda_v = -(1-\beta\rho_v)\Lambda_v$$

02

$\tilde{y}_t = \psi_{ya}a_t$ 및 $\pi_t = \psi_{\pi a}a_t$로 추측(guess)할 경우, 각각의 파라미터 ψ_{ya}와 $\psi_{\pi a}$를 구해보도록 한다.

DIS 곡선에 주어진 이자율 규칙을 대입한다.

$$\tilde{y}_t = \mathrm{E}_t\left[\tilde{y}_{t+1}\right]-\frac{1}{\theta}\left(i_t-\mathrm{E}_t\left[\pi_{t+1}\right]-r_t^n\right)$$
$$= \mathrm{E}_t\left[\tilde{y}_{t+1}\right]-\frac{1}{\theta}\left(\left(\rho+\phi_\pi\pi_t+\phi_y\tilde{y}_t+v_t\right)-\mathrm{E}_t\left[\pi_{t+1}\right]-r_t^n\right)$$
$$= \mathrm{E}_t\left[\tilde{y}_{t+1}\right]-\frac{1}{\theta}\left(\phi_\pi\pi_t+\phi_y\tilde{y}_t-\mathrm{E}_t\left[\pi_{t+1}\right]\right)$$

마지막 등식은 $v_t = 0$을 가정했기 때문이다. 이제 앞서 $\tilde{y}_t$에 추측(guess)한 $\tilde{y}_t = \psi_{ya} a_t$을 대입한다.

$$\psi_{ya} a_t = \mathrm{E}_t\left[\psi_{ya} a_{t+1}\right] - \frac{1}{\theta}\left(\phi_\pi \psi_{\pi a} a_t + \phi_y \psi_{ya} a_t - \mathrm{E}_t\left[\psi_{\pi a} a_{t+1}\right] + \theta \psi_{ya}^n (1 - \rho_a) a_t\right)$$

$$= \psi_{yv} \rho_a a_t - \frac{1}{\theta}\left(\phi_\pi \psi_{\pi a} a_t + \phi_y \psi_{ya} a_t - \psi_{\pi a} \rho_a v_t + \theta \psi_{ya}^n (1 - \rho_a) a_t\right)$$

이를 정리하면 다음과 같다.

$$\psi_{\pi a} = - \frac{\theta \psi_{ya}^n (1 - \rho_a) \kappa}{(1 - \beta \rho_a)\left[\theta(1 - \rho_a) + \phi_y\right] + \kappa(\phi_\pi - \rho_a)} = - \theta \psi_{ya}^n (1 - \rho_a) \kappa \Lambda_a$$

$\pi_t = \beta \mathrm{E}_t\left[\pi_{t+1}\right] + \kappa \tilde{y}_t$에 대해서도 생각해본다. 추측(guess)한 $\pi_t = \psi_{\pi a} a_t$를 대입한다.

$$\psi_{\pi a} a_t = \beta \mathrm{E}_t\left[\psi_{\pi a} a_{t+1}\right] + \kappa \psi_{ya} a_t$$

$$= \beta \mathrm{E}_t\left[\psi_{\pi a}\left(\rho_a a_t + \varepsilon_{t+1}^a\right)\right] + \kappa \psi_{ya} a_t$$

이를 정리하면 $\psi_{ya} = \frac{1 - \beta \rho_a}{\kappa} \psi_{\pi a}$이다.

$$\psi_{ya} = - \frac{1 - \beta \rho_a}{\kappa} \psi_{ya}^n (1 - \rho_a) \kappa \Lambda_a = - \theta \psi_{ya}^n (1 - \rho_a)(1 - \beta \rho_a) \Lambda_a$$

후생손실함수에 대한 2차 근사식인 $W = \frac{1}{2} \mathrm{E}_0 \sum_{t=0}^{\infty} \beta^t \left[\frac{\varepsilon}{\lambda} \pi_t^2 + \left(\theta + \frac{\varphi + \alpha}{1 - \alpha} \right) \tilde{y}_t^2 \right]$ 을 구해보도록 한다.

먼저, 주어진 변수 Z_t의 로그값에 대한 테일러 전개를 이용하여 1차 항까지 근사하면 다음과 같다.

$$\ln Z_t \approx \ln Z + \frac{1}{Z}(Z_t - Z)$$

$\hat{z}_t = \ln Z_t - \ln Z$라고 하면 $\hat{z}_t \approx \dfrac{Z_t - Z}{Z}$이다.

주어진 변수 Z_t의 로그값에 대한 테일러 전개를 이용하여 2차항까지 근사하면 다음과 같다.

$$\ln Z_t = \ln Z + \frac{1}{Z}(Z_t - Z) - \frac{1}{2}\frac{1}{Z^2}(Z_t - Z)^2$$

위의 정의와 결과를 이용하면 다음의 관계식이 성립하게 된다.

$$\hat{z}_t \approx \frac{Z_t - Z}{Z} - \frac{1}{2}\hat{z}_t^2$$

$$\frac{Z_t - Z}{Z} \approx \hat{z}_t + \frac{1}{2}\hat{z}_t^2$$

이제 효용함수에 대해서 생각해본다. 효용함수가

$U_t(C_t, L_t) = \dfrac{C_t^{1-\theta}}{1-\theta} - \dfrac{L_t^{1+\varphi}}{1+\varphi}$ 로 주어졌을 때, 테일러 전개를 이용하여 2차 항까지 근사하면 다음과 같다.

$$U_t \approx U + U_c(C_t - C) + U_l(L_t - L) + \frac{1}{2}U_{cc}(C_t - C)^2 + \frac{1}{2}U_{ll}(L_t - L)^2$$
$$+ \frac{1}{2}U_{cl}(C_t - C)(L_t - L) + \frac{1}{2}U_{lc}(L_t - L)(C_t - C)$$

이때, 추가적으로 $U_{cl} = U_{lc} = 0$이므로 다음이 성립한다.

$$U_t \approx U + U_c(C_t - C) + U_l(L_t - L) + \frac{1}{2}U_{cc}(C_t - C)^2 + \frac{1}{2}U_{ll}(L_t - L)^2$$

이를 위해서 알아본 $\dfrac{Z_t - Z}{Z} \approx \hat{z}_t + \dfrac{1}{2}\hat{z}_t^2$의 관계식을 이용하여 다시 작성한다.

$$U_t \approx U + U_cC\left(\frac{C_t - C}{C}\right) + U_lL\left(\frac{L_t - L}{L}\right) + \frac{1}{2}U_{cc}C^2\left(\frac{C_t - C}{C}\right)^2 + \frac{1}{2}U_{ll}L^2\left(\frac{L_t - L}{L}\right)^2$$

$$U_t \approx U + U_cC\left(\hat{c}_t + \frac{1}{2}\hat{c}_t^2\right) + U_lL\left(\hat{l}_t + \frac{1}{2}\hat{l}_t^2\right) + \frac{1}{2}U_{cc}C^2\hat{c}_t^2 + \frac{1}{2}U_{ll}L^2\hat{l}_t^2$$

이제 양변에서 U를 차감하고 U_cC로 나누어 정리한다.

$$\frac{U_t - U}{U_cC} \approx \left(\hat{c}_t + \frac{1}{2}\hat{c}_t^2\right) + \frac{U_lL}{U_cC}\left(\hat{l}_t + \frac{1}{2}\hat{l}_t^2\right) + \frac{1}{2}\frac{U_{cc}}{U_c}C\hat{c}_t^2 + \frac{1}{2}\frac{U_{ll}L^2}{U_cC}\hat{l}_t^2$$

$$= \left(\hat{c}_t + \frac{1-\theta}{2}\hat{c}_t^2\right) + \frac{U_l}{U_c}\frac{L}{C}\left(\hat{l}_t + \frac{1+\varphi}{2}\hat{l}_t^2\right)$$

$$= \left(\hat{y}_t + \frac{1-\theta}{2}\hat{y}_t^2\right) + \frac{U_l}{U_c}\frac{L}{C}\left(\hat{l}_t + \frac{1+\varphi}{2}\hat{l}_t^2\right)$$

이때, 노동시장 균형과 생산함수를 이용하면

$$L_t = \left(\frac{Y_t}{A_t}\right)^{\frac{1}{1-\alpha}} \int_0^1 \left(\frac{P_t(i)}{P_t}\right)^{-\frac{\varepsilon}{1-\varepsilon}} di$$ 이므로 이를 로그 근사하면 다음과 같다.

$$(1-\alpha)\hat{n}_t = \hat{y}_t - a_t + d_t$$

이다. 여기서 $d_t \equiv (1-\alpha)\log \int_0^1 \left(\frac{P_t(i)}{P_t}\right)^{-\frac{\varepsilon}{1-\alpha}} di$ 이다. 8장 연습문제 5번에

서 구했듯 $d_t \approx \frac{\varepsilon}{2\Theta} var_i p_t(i)$ 이다. 이를 위에서 구한 효용함수에 대한 근사

식에 대입한다.

$$\frac{U_t - U}{U_c C} \approx \left(\hat{y}_t + \frac{1-\theta}{2}\hat{y}_t^2\right) + \frac{U_l}{U_c}\frac{L}{C}\left(\hat{l}_t + \frac{1+\varphi}{2}\hat{l}_t^2\right)$$

$$\approx \left(\hat{y}_t + \frac{1-\theta}{2}\hat{y}_t^2\right) + \frac{U_l}{U_c}\frac{L}{C}\left(\frac{1}{1-\alpha}\left(\hat{y}_t - a_t + d_t\right) + \frac{1+\varphi}{2}\left[\frac{1}{1-\alpha}\left(\hat{y}_t - a_t + d_t\right)\right]^2\right)$$

$$\approx \left(\hat{y}_t + \frac{1-\theta}{2}\hat{y}_t^2\right) + \frac{U_l}{U_c}\frac{L}{C}\left(\frac{1}{1-\alpha}\left(\hat{y}_t - a_t + \frac{\varepsilon}{2\Theta}var_i p_t(i)\right)\right.$$

$$\left. + \frac{1+\varphi}{2}\left[\frac{1}{1-\alpha}\left(\hat{y}_t - a_t + \frac{\varepsilon}{2\Theta}var_i p_t(i)\right)\right]^2\right)$$

$$\approx \left(\hat{y}_t + \frac{1-\theta}{2}\hat{y}_t^2\right) + \frac{U_l}{U_c}\frac{L}{C}\left(\frac{1}{1-\alpha}\left(\hat{y}_t - a_t + \frac{\varepsilon}{2\Theta}var_i p_t(i)\right) + \frac{1+\varphi}{2}\left[\frac{\hat{y}_t - a_t}{1-\alpha}\right]^2\right)$$

$$+ t.i.p.$$

$$\approx \left(\hat{y}_t + \frac{1-\theta}{2}\hat{y}_t^2\right) + \frac{U_l}{U_c}\frac{L}{C}\frac{1}{1-\alpha}\left(\left(\hat{y}_t - a_t + \frac{\varepsilon}{2\Theta}var_i p_t(i)\right) + \frac{1+\varphi}{2(1-\alpha)}\left(\hat{y}_t - a_t\right)^2\right)$$

$$+ t.i.p.$$

이때 $t.i.p.$는 terms independent of policy(정책과 무관한 항들)의 의미로
우리가 조절 가능한 변수와 무관한 항들을 의미한다. 왜곡이 없는 상황에서

는 $-\dfrac{U_l}{U_c} = MPL$이 성립하며

$$MPL = (1-\alpha)AN^{-\alpha} = (1-\alpha)\frac{Y}{L} = (1-\alpha)\frac{C}{L}$$이므로

$\dfrac{U_l}{U_c}\dfrac{L}{C} = -(1-\alpha)$임을 알 수 있다. 이를 대입하여 정리한다.

$$\frac{U_t - U}{U_c C} \approx \left(\hat{y}_t + \frac{1-\theta}{2}\hat{y}_t^2\right) - (1-\alpha)\frac{1}{1-\alpha}\left(\left(\hat{y}_t - a_t + \frac{\varepsilon}{2\Theta}var_i p_t(i)\right)\right.$$

$$\left. + \frac{1+\varphi}{2(1-\alpha)}\left(\hat{y}_t - a_t\right)^2\right) + t.i.p.$$

$$= \left(\hat{y}_t + \frac{1-\theta}{2}\hat{y}_t^2\right) - \left(\left(\hat{y}_t - a_t + \frac{\varepsilon}{2\Theta}var_i p_t(i)\right) + \frac{1+\varphi}{2(1-\alpha)}\left(\hat{y}_t - a_t\right)^2\right) + t.i.p.$$

$$= \frac{1-\theta}{2}\hat{y}_t^2 + a_t - \frac{\varepsilon}{2\Theta}var_i p_t(i) - \frac{1+\varphi}{2(1-\alpha)}\left(\hat{y}_t - a_t\right)^2 + t.i.p.$$

$$= -\frac{1}{2}\left[\frac{\varepsilon}{\Theta}var_i p_t(i) - (1-\theta)\hat{y}_t^2 + \frac{1+\varphi}{1-\alpha}\left(\hat{y}_t - a_t\right)^2\right] + t.i.p.$$

$$= -\frac{1}{2}\left[\frac{\varepsilon}{\Theta}var_i p_t(i) - \frac{\alpha + \theta(1-\alpha) + \varphi}{1-\alpha}\hat{y}_t^2 - 2\frac{1+\varphi}{1-\alpha}\hat{y}_t a_t + \left(\frac{1+\varphi}{1-\alpha}a_t\right)^2\right] + t.i.p.$$

$$= -\frac{1}{2}\left[\frac{\varepsilon}{\Theta}var_i p_t(i) - \left(\theta + \frac{\varphi + \alpha}{1-\alpha}\right)\hat{y}_t^2 - 2\frac{1+\varphi}{1-\alpha}\hat{y}_t a_t\right] + t.i.p.$$

이때, $\hat{y}_t = y_t - y$이며 $\hat{y}_t^n = y_t^n - y^n$이므로 $\hat{y}_t - \hat{y}_t^n = y_t - y_t^n \equiv \tilde{y}_t$이다.

본문에서 공부했듯이, $y_t^n = \psi_{ya}^n a_t + \vartheta_y^n$이므로

$$\hat{y}_t^n = y_t^n - y^n = \psi_{ya}^n a_t + \vartheta_y^n - \vartheta_y^n = \psi_{ya}^n a_t$$이며

$$a_t = \frac{1}{\psi_{ya}^n}\hat{y}_t^n = \frac{\theta(1-\alpha) + \varphi + \alpha}{1+\varphi}\hat{y}_t^n$$이다. 이를 대입하여 정리한다.

$$\frac{U_t - U}{U_c C} \approx -\frac{1}{2}\left[\frac{\varepsilon}{\Theta}var_i p_t(i) - \left(\theta + \frac{\varphi + \alpha}{1-\alpha}\right)\hat{y}_t^2 - 2\frac{1+\varphi}{1-\alpha}\hat{y}_t a_t\right] + t.i.p.$$

$$= -\frac{1}{2}\left[\frac{\varepsilon}{\Theta}var_i p_t(i) - \left(\theta + \frac{\varphi + \alpha}{1-\alpha}\right)\hat{y}_t^2 - 2\frac{1+\varphi}{1-\alpha}\hat{y}_t \frac{1}{\psi_{ya}^n}\hat{y}_t^n\right] + t.i.p.$$

$$= -\frac{1}{2}\left[\frac{\varepsilon}{\Theta}var_i p_t(i) - \left(\theta + \frac{\varphi+\alpha}{1-\alpha}\right)\hat{y}_t^2 - 2\left(\theta + \frac{\varphi+\alpha}{1-\alpha}\right)\hat{y}_t\hat{y}_t^n\right] + t.i.p.$$

$$= -\frac{1}{2}\left[\frac{\varepsilon}{\Theta}var_i p_t(i) - \left(\theta + \frac{\varphi+\alpha}{1-\alpha}\right)\left[\hat{y}_t^2 - 2\hat{y}_t\hat{y}_t^n + \hat{y}_t^{n\,2} - \hat{y}_t^{n\,2}\right]\right] + t.i.p.$$

$$= -\frac{1}{2}\left[\frac{\varepsilon}{\Theta}var_i p_t(i) - \left(\theta + \frac{\varphi+\alpha}{1-\alpha}\right)\left[\left(\hat{y}_t - \hat{y}_t^n\right)^2 - \hat{y}_t^{n\,2}\right]\right] + t.i.p.$$

$$= -\frac{1}{2}\left[\frac{\varepsilon}{\Theta}var_i p_t(i) - \left(\theta + \frac{\varphi+\alpha}{1-\alpha}\right)\tilde{y}_t^2 - \left(\theta + \frac{\varphi+\alpha}{1-\alpha}\right)\hat{y}_t^{n\,2}\right] + t.i.p.$$

$$= -\frac{1}{2}\left[\frac{\varepsilon}{\Theta}var_i p_t(i) - \left(\theta + \frac{\varphi+\alpha}{1-\alpha}\right)\tilde{y}_t^2\right] + t.i.p.$$

따라서 이와 같은 무한기간 효용함수 근사식의 현재가치합을 구할 수 있다.

$$\sum_{t=0}^{\infty}\beta^n\frac{U_t - U}{U_c C} = -\frac{1}{2}\sum_{t=0}^{\infty}\beta^t\left[\frac{\varepsilon}{\Theta}var_i p_t(i) + \left(\theta + \frac{\varphi+\alpha}{1-\alpha}\right)\tilde{y}_t^2\right] + t.i.p.$$

물가에 대한 관계식으로부터 $E_i[p_t(i)] = (1-\psi)p_t^* + \psi E_i[p_{t-1}(i)]$을 도출하여(칼보 모형을 따르므로) 정리하면 다음과 같다.

$$p_t^* = \frac{1}{1-\psi}E_i[p_t(i)] - \frac{\psi}{1-\psi}E_i[p_{t-1}(i)]$$

$$p_t^* - E_i[p_{t-1}(i)] = \frac{1}{1-\psi}\left[E_i[p_t(i)] - E_i[p_{t-1}(i)]\right]$$

분산의 정의를 활용하여 이를 정리한다.

$$var_i p_t(i) = E_i\left[p_t(i) - E_i[p_{t-1}(i)]^2\right] - \left[E_i[p_t(i)] - E_i[p_{t-1}(i)]\right]^2$$

이때 우변의 첫 번째 항에 대해서는 다음이 성립한다.

$$\mathrm{E}_i\big[p_t(i) - \mathrm{E}_i[p_{t-1}(i)]^2\big] = \big[\psi \mathrm{E}_i[p_{t-1}(i) - \mathrm{E}_i[p_{t-1}(i)]]\big]^2$$
$$+ (1-\psi)\big[p_t^* - \mathrm{E}_i[p_{t-1}(i)]\big]^2\big]$$

따라서 다음의 근사식이 성립한다.

$$var_i p_t(i) = \big[\psi \mathrm{E}_i[p_{t-1}(i) - \mathrm{E}_i[p_{t-1}(i)]]^2 + (1-\psi)\big[p_t^* - \mathrm{E}_i[p_{t-1}(i)]\big]^2\big]$$
$$- (\mathrm{E}_i[p_t(i)] - \mathrm{E}_i[p_{t-1}(i)])^2$$
$$= \psi \mathrm{E}_i[p_{t-1}(i) - \mathrm{E}_i[p_{t-1}(i)]]^2 + \frac{\psi}{1-\psi}(\mathrm{E}_i[p_t(i)] - \mathrm{E}_i[p_{t-1}(i)])^2$$
$$= \psi\, var_i p_{t-1}(i) + \frac{\psi}{1-\psi}(\mathrm{E}_i[p_t(i)] - \mathrm{E}_i[p_{t-1}(i)])^2$$
$$\approx \psi\, var_i p_{t-1}(i) + \frac{\psi}{1-\psi}\pi_t^2$$

이를 과거에 대해 계속 대입하면 다음과 같다.

$$var_i p_t(i) = \sum_{s=0}^{t} \psi^s \frac{\psi}{1-\psi}\pi_{t-s}^2$$

$$\sum_{t=0}^{\infty} \beta^t var_i p_t(i) = \frac{\psi}{(1-\psi)(1-\beta\psi)}\sum_{t=0}^{\infty}\beta^t \pi_t^2$$

이를 위해서 구한 효용함수 근사식에 다시 대입한다.

$$\mathrm{W} = -\mathrm{E}_0 \sum_{t=0}^{\infty}\beta^n \frac{U_t - U}{U_c C} = \frac{1}{2}\mathrm{E}_0 \sum_{t=0}^{\infty}\beta^t\left[\frac{\varepsilon}{\Theta}var_i p_t(i) + \Big(\theta + \frac{\varphi+\alpha}{1-\alpha}\Big)\tilde{y}_t^2\right] + t.i.p.$$
$$= \frac{1}{2}\mathrm{E}_0\left[\sum_{t=0}^{\infty}\beta^t \frac{\varepsilon}{\Theta}var_i p_t(i) + \sum_{t=0}^{\infty}\beta^t\Big(\theta + \frac{\varphi+\alpha}{1-\alpha}\Big)\tilde{y}_t^2\right] + t.i.p.$$
$$= \frac{1}{2}\mathrm{E}_0\left[\frac{\varepsilon}{\Theta}\frac{\psi}{(1-\beta)(1-\beta\psi)}\sum_{t=0}^{\infty}\beta^t \pi_t^2 + \sum_{t=0}^{\infty}\beta^t\Big(\theta + \frac{\varphi+\alpha}{1-\alpha}\Big)\tilde{y}_t^2\right] + t.i.p.$$
$$= \frac{1}{2}\mathrm{E}_0 \sum_{t=0}^{\infty}\beta^t\left[\frac{\varepsilon}{\Theta}\frac{\psi}{(1-\beta)(1-\beta\psi)}\pi_t^2 + \Big(\theta + \frac{\varphi+\alpha}{1-\alpha}\Big)\tilde{y}_t^2\right] + t.i.p.$$

$$= \frac{1}{2} \mathrm{E}_0 \sum_{t=0}^{\infty} \beta^t \left[\frac{\varepsilon}{\lambda} \pi_t^2 + \left(\theta + \frac{\varphi + \alpha}{1 - \alpha} \right) \tilde{y}_t^2 \right] + t.i.p.$$

여기서 $\lambda = \dfrac{(1 - \beta)(1 - \beta \psi)}{\psi} \Theta$ 이다.

04

공약 하에서 얻을 수 있는 물가와 산출량 갭의 관계식 및 차분방정식을 풀어보도록 한다. 주어진 NKPC를 물가에 로그를 취한 p_t를 활용하여 아래와 같이 다시 작성해본다.

$$\pi_t = \beta \mathrm{E}_{0_t} [\pi_{t+1}] + \kappa x_t + u_t$$

$$p_t - p_{t-1} = \beta \mathrm{E}_{0_t} [p_{t+1} - p_t] - \kappa \frac{\kappa}{\alpha_x} \hat{p}_t + u_t$$

$$(p_t - p_{-1}) - (p_{t-1} - p_{-1}) = \beta \mathrm{E}_{0_t} [(p_{t+1} - p_{-1}) - (p_t - p_{-1})] - \frac{\kappa^2}{\alpha_x} \hat{p}_t + u_t$$

$p_t - p_{-1} = \hat{p}_t$ 임을 이용하여 다시 쓴다.

$$\hat{p}_t - \hat{p}_{t-1} = \beta \mathrm{E}_t [\hat{p}_{t+1} - \hat{p}_t] - \frac{\kappa^2}{\alpha_x} \hat{p}_t + u_t$$

$$\frac{\alpha_x (1 + \beta) + \kappa^2}{\alpha_x} \hat{p}_t = \hat{p}_{t-1} + \beta \mathrm{E}_t [\hat{p}_{t+1}] + u_t$$

$$\hat{p}_t = \frac{\alpha_x}{\alpha_x (1 + \beta) + \kappa^2} \hat{p}_{t-1} + \frac{\alpha_x}{\alpha_x (1 + \beta) + \kappa^2} \beta \mathrm{E}_t [\hat{p}_{t+1}] + \frac{\alpha_x}{\alpha_x (1 + \beta) + \kappa^2} u_t$$

$$\hat{p}_t = a \hat{p}_{t-1} + a \beta \mathrm{E}_t [\hat{p}_{t+1}] + a u_t$$

각 항을 한 기씩 뒤로 이전시켜 식을 다시 써본다. 이때 기대 부호는 제외한다.

$$\hat{p}_{t-1} = a\hat{p}_{t-2} + a\beta\hat{p}_t + au_{t-1}$$

$$\hat{p}_t - \frac{1}{a\beta}\hat{p}_{t-1} + \frac{1}{\beta}\hat{p}_{t-2} = -\frac{1}{\beta}u_{t-1}$$

이때, $\hat{p}_{t-2} = \delta^t$, $\hat{p}_{t-1} = \delta^{t+1}$, $\hat{p}_t = \delta^{t+2}$라고 추측(guess)한다. 이 추측에 의하면 $\delta^{t+2} - \frac{1}{a\beta}\delta^{t+1} + \frac{1}{\beta}\delta^t = 0$이다. 이를 δ에 대해서 푼다.

$$\delta_1 = \frac{1 + \sqrt{1 - 4a^2\beta}}{2a\beta} > 1, \ \delta_2 = \frac{1 - \sqrt{1 - 4a^2\beta}}{2a\beta} < 1$$

$\hat{p}_t - \frac{1}{a\beta}\hat{p}_{t-1} + \frac{1}{\beta}\hat{p}_{t-2} = -\frac{1}{\beta}u_{t-1}$를 시차연산자(Lag Opeartor) L를 활용하여 쓰면 다음과 같다.

$$(1 - \delta_1 L)(1 - \delta_2 L)\hat{p}_t = -\frac{1}{\beta}u_{t-1} \ \ (L\hat{p}_t = \hat{p}_{t-1})$$

위의 식을 다시 앞으로 한 기 미래에 대해서 작성한다.

$$(1 - \delta_1 L)(1 - \delta_2 L)E_t\left[\hat{p}_{t+1}\right] = -\frac{1}{\beta}u_t$$

$\tilde{p}_t \equiv (1 - \delta_2)\hat{p}_t$라고 하면 다음이 성립한다.

$$(1 - \delta_1 L)E_t\left[\tilde{p}_{t+1}\right] = -\frac{1}{\beta}u_t$$

$$E_t\left[\tilde{p}_{t+1}\right] - \delta_1\tilde{p}_t = -\frac{1}{\beta}u_t$$

$$\tilde{p}_t = \frac{1}{\delta_1}E_t\left[\tilde{p}_{t+1}\right] + \frac{1}{\delta_1\beta}u_t$$

이를 미래에 대해서 연쇄적으로 대입한다.

$$\tilde{p}_t = \frac{1}{\delta_1 \beta} \sum_{s=0}^{\infty} \left(\frac{1}{\delta_1} \right)^s \rho_u^s u_t = \frac{1}{\beta(\delta_1 - \rho_u)} u_t \qquad (u_t = \rho_u u_{t-1} + \varepsilon_t)$$

$$\tilde{p}_t \equiv (1 - \delta_2)\hat{p}_t = \frac{1}{\beta(\delta_1 - \rho_u)} u_t$$

다시 $\tilde{p}_t \equiv (1-\delta_2)\hat{p}_t$를 이용하여 쓰면 다음을 구할 수 있다.

$$\hat{p}_t = \delta_2 \hat{p}_{t-1} + \frac{1}{\beta(\delta_1 - \rho_u)} u_t = \delta_2 \hat{p}_{t-1} + \frac{\delta_2}{\delta_2 \beta(\delta_1 - \rho_u)} u_t$$

$$= \delta_2 \hat{p}_{t-1} + \frac{\delta_2}{1 - \delta_2 \beta \rho_u} u_t \ (\because \delta_1 \delta_2 = \frac{1}{\beta})$$

05

먼저 왜곡(Φ)이 존재할 경우 공약 하에서 물가에 대한 관계식 $\hat{p}_t = a\widehat{p_{t-1}}$
$+ a\beta \mathrm{E}_t \left[\widehat{p_{t+1}} \right] + a\frac{\Lambda \kappa}{\alpha_x} + au_t$을 구하고 차분방정식을 풀어보도록 한다.

주어진 조건들을 활용하여 우리는 다음이 성립함을 알 수 있다.

$$\hat{x}_0 = -\frac{\kappa}{\alpha_x} \pi_0 + \frac{\Lambda}{\alpha_x}$$

$$\hat{x}_t = \hat{x}_{t-1} - \frac{\kappa}{\alpha_x} \pi_t$$

이를 과거에 대해서 연쇄적으로 대입을 하면 다음과 같다.

$$\hat{x}_t = \hat{x}_0 - \sum_{\tau=1}^{t} \frac{\kappa}{\alpha_x} \pi_\tau = \frac{\Lambda}{\alpha_x} - \frac{\kappa}{\alpha_x}(p_t - p_{-1})$$

이를 NKPC에 대입한다.

$$\pi_t = \beta \mathrm{E}_t[\pi_{t+1}] + \kappa \hat{x}_t + u_t$$

$$p_t - p_{t-1} = \beta \mathrm{E}_t[p_{t+1} - p_t] + \frac{\Lambda \kappa}{\alpha_x} - \kappa \frac{\kappa}{\alpha_x}\hat{p}_t + u_t$$

$$(p_t - p_{-1}) - (p_{t-1} - p_{-1}) = \beta \mathrm{E}_t[(p_{t+1} - p_{-1}) - (p_t - p_{-1})] + \frac{\Lambda \kappa}{\alpha_x} - \frac{\kappa^2}{\alpha_x}\hat{p}_t + u_t$$

$p_t - p_{-1} = \hat{p}_t$ 임을 이용하여 다시 쓰면 다음과 같다.

$$\hat{p}_t - \hat{p}_{t-1} = \beta \mathrm{E}_t[\hat{p}_{t+1} - \hat{p}_t] - \frac{\kappa^2}{\alpha_x}\hat{p}_t + \frac{\Lambda \kappa}{\alpha_x} + u_t$$

$$\frac{\alpha_x(1+\beta) + \kappa^2}{\alpha_x}\hat{p}_t = \hat{p}_{t-1} + \beta \mathrm{E}_t[\hat{p}_{t+1}] + u_t + \frac{\Lambda \kappa}{\alpha_x}$$

$$\hat{p}_t = \frac{\alpha_x}{\alpha_x(1+\beta) + \kappa^2}\hat{p}_{t-1} + \frac{\alpha_x}{\alpha_x(1+\beta) + \kappa^2}\beta \mathrm{E}_t[\hat{p}_{t+1}]$$

$$+ \frac{\alpha_x}{\alpha_x(1+\beta) + \kappa^2}u_t + \frac{\alpha_x}{\alpha_x(1+\beta) + \kappa^2}\frac{\Lambda \kappa}{\alpha_x}$$

$$\hat{p}_t = a\hat{p}_{t-1} + a\beta \mathrm{E}_t[\hat{p}_{t+1}] + au_t + a\frac{\Lambda \kappa}{\alpha_x}$$

각 항을 한 기씩 뒤로 이전시켜 식을 다시 써본다. 이때 기대 부호는 제외
한다.

$$\hat{p}_{t-1} = a\hat{p}_{t-2} + a\beta\hat{p}_t + au_{t-1} + a\frac{\Lambda\kappa}{\alpha_x}$$

$$\hat{p}_t - \frac{1}{a\beta}\hat{p}_{t-1} + \frac{1}{\beta}\hat{p}_{t-2} = -\frac{1}{\beta}u_{t-1} - \frac{\Lambda\kappa}{\alpha_x\beta}$$

이때, $\hat{p}_{t-2} = \delta^t$, $\hat{p}_{t-1} = \delta^{t+1}$, $\hat{p}_t = \delta^{t+2}$ 라고 추측(guess)하면 다음이 성립한다.

$$\delta^{t+2} - \frac{1}{a\beta}\delta^{t+1} + \frac{1}{\beta}\delta^t = 0$$

이를 δ에 대해서 풀면 다음의 해를 구할 수 있다.

$$\delta_1 = \frac{1 + \sqrt{1 - 4a^2\beta}}{2a\beta} > 1, \ \delta_2 = \frac{1 - \sqrt{1 - 4a^2\beta}}{2a\beta} < 1$$

따라서 다음이 성립한다.

$$\hat{p}_t - \frac{1}{a\beta}\hat{p}_{t-1} + \frac{1}{\beta}\hat{p}_{t-2} = -\frac{1}{\beta}u_{t-1} - \frac{\Lambda\kappa}{\alpha_x\beta}$$

이를 시차연산자(Lag Operator) L를 활용하여 다시 쓰면 다음과 같다.

$$(1 - \delta_1 L)(1 - \delta_2 L)\hat{p}_t = -\frac{1}{\beta}u_{t-1} - \frac{\Lambda\kappa}{\alpha_x\beta} \qquad (L\hat{p}_t = \hat{p}_{t-1})$$

해당 식을 다시 앞으로 한 기 미래에 대해서 작성한다.

$$(1 - \delta_1 L)(1 - \delta_2 L)E_t\left[\hat{p}_{t+1}\right] = -\frac{1}{\beta}u_t - \frac{\Lambda\kappa}{\alpha_x\beta}$$

$\tilde{p}_t \equiv (1 - \delta_2)\hat{p}_t$을 이용하여 정리한다.

$$(1 - \delta_1 L) E_t \left[\tilde{p}_{t+1} \right] = -\frac{1}{\beta} u_t - \frac{\Lambda \kappa}{\alpha_x \beta}$$

$$E_t \left[\tilde{p}_{t+1} \right] - \delta_1 \tilde{p}_t = -\frac{1}{\beta} u_t - \frac{\Lambda \kappa}{\alpha_x \beta}$$

$$\tilde{p}_t = \frac{1}{\delta_1} E_t \left[\tilde{p}_{t+1} \right] + \frac{1}{\delta_1 \beta} u_t + \frac{\Lambda \kappa}{\delta_1 \alpha_x \beta}$$

해당 식을 미래에 대해서 연쇄적으로 대입하면 다음과 같다.

$$\tilde{p}_t = \frac{1}{\delta_1 \beta} \sum_{s=0}^{\infty} \left(\frac{1}{\delta_1} \right)^s \left(\rho_u^s u_t \right) + \sum_{s=0}^{\infty} \left(\frac{1}{\delta_1} \right)^s \frac{\Lambda \kappa}{\delta_1 \alpha_x \beta}$$

$$= \frac{1}{\beta (\delta_1 - \rho_u)} u_t + \frac{\dfrac{\Lambda \kappa}{\delta_1 \alpha_x \beta}}{1 - \dfrac{1}{\delta_1}} = \frac{1}{\beta (\delta_1 - \rho_u)} u_t + \frac{\Lambda \kappa}{\alpha_x \beta (\delta_1 - 1)}$$

여기서 $u_t = \rho_u u_{t-1} + \varepsilon_t$ 이다. 즉, 위의 식에 대해서 다음이 성립한다.

$$\tilde{p}_t \equiv (1 - \delta_2) \hat{p}_t = \frac{1}{\beta (\delta_1 - \rho_u)} u_t + \frac{\Lambda \kappa}{\alpha_x \beta (\delta_1 - 1)}$$

다시 $\tilde{p}_t \equiv (1 - \delta_2) \hat{p}_t$ 임을 이용하면 최종적으로 다음을 구할 수 있다.

$$\hat{p}_t - \delta_2 \hat{p}_{t-1} = \frac{\delta_2}{\delta_2 \beta (\delta_1 - \rho_u)} u_t + \frac{\delta_2 \Lambda \kappa}{\delta_2 \alpha_x \beta (\delta_1 - 1)}$$

$$= \frac{\delta_2}{1 - \delta_2 \beta \rho_u} u_t + \frac{\delta_2 \Lambda \kappa}{\alpha_x - \delta_2 \alpha_x \beta}$$

$$= \frac{\delta_2}{1 - \delta_2 \beta \rho_u} u_t + \frac{\delta_2 \Lambda \kappa}{\alpha_x (1 - \delta_2 \beta)}$$

이제 왜곡(Φ)이 존재할 때 공약하에서 산출량갭과 비용충격 간의 관계식

$\hat{x}_t = \delta\hat{x}_{t-1} - \dfrac{\kappa\delta}{\alpha_x(1-\delta\beta\rho_u)}u_t$을 구해보도록 한다.

$\hat{x}_t = \dfrac{\Lambda}{\alpha_x} - \dfrac{\kappa}{\alpha_x}\hat{p}_t$ 이므로 $\hat{p}_t = \dfrac{\Lambda}{\kappa} - \dfrac{\alpha_x}{\kappa}\hat{x}_t$이며

이를 $\hat{p}_t = \delta\hat{p}_{t-1} + \dfrac{\delta}{1-\delta\beta\rho_u}u_t + \dfrac{\delta}{1-\delta\beta}\dfrac{\kappa\Lambda}{\alpha_x}$에 대입하여 정리한다.

$$\dfrac{\Lambda}{\kappa} - \dfrac{\alpha_x}{\kappa}\hat{x}_t = \dfrac{\Lambda\delta}{\kappa} - \dfrac{\alpha_x\delta}{\kappa}\hat{x}_{t-1} + \dfrac{\delta}{1-\delta\beta\rho_u}u_t + \dfrac{\delta}{1-\delta\beta}\dfrac{\kappa\Lambda}{\alpha_x}$$

$$\dfrac{\alpha_x}{\kappa}\hat{x}_t = -\dfrac{\Lambda\delta}{\kappa} + \dfrac{\Lambda}{\kappa} + \dfrac{\alpha_x\delta}{\kappa}\hat{x}_{t-1} - \dfrac{\delta}{1-\delta\beta\rho_u}u_t - \dfrac{\delta}{1-\delta\beta}\dfrac{\kappa\Lambda}{\alpha_x}$$

$$\hat{x}_t = -\dfrac{\Lambda\delta}{\alpha_x} + \dfrac{\Lambda}{\alpha_x} + \delta\hat{x}_{t-1} - \dfrac{\kappa\delta}{\alpha_x(1-\delta\beta\rho_u)}u_t - \dfrac{\kappa}{\alpha_x}\dfrac{\delta}{1-\delta\beta}\dfrac{\kappa\Lambda}{\alpha_x}$$

우리가 원하고자 하는 결과를 얻기 위해서는 다음이 성립함을 보이면 된다.

$$\dfrac{\Lambda}{\alpha_x} - \dfrac{\Lambda\delta}{\alpha_x} - \dfrac{\kappa}{\alpha_x}\dfrac{\delta}{1-\delta\beta}\dfrac{\kappa\Lambda}{\alpha_x} = 0$$

$\dfrac{\Lambda}{\alpha_x} - \dfrac{\Lambda\delta}{\alpha_x} - \dfrac{\kappa}{\alpha_x}\dfrac{\delta}{1-\delta\beta}\dfrac{\kappa\Lambda}{\alpha_x}$ 를 $\dfrac{\Lambda}{\alpha_x}\dfrac{1}{\alpha_x(1-\beta\delta)}$로 묶는다.

$$\dfrac{\Lambda}{\alpha_x}\dfrac{1}{\alpha_x(1-\beta\delta)}\left[\alpha_x(1-\beta\delta)(1-\delta) - \delta_1\kappa^2\right]$$

이때 다음이 성립한다.

$$\alpha_x(1-\beta\delta)(1-\delta)$$

$$=\alpha_x\left(1-\frac{1-\sqrt{1-4\beta a^2}}{2a}\right)\left(1-\frac{1-\sqrt{1-4\beta a^2}}{2a\beta}\right)$$

$$=\alpha_x\left(1-\frac{1-\sqrt{1-4\beta a^2}}{2a}-\frac{1-\sqrt{1-4\beta a^2}}{2a\beta}+\frac{1+1-4\beta a^2-2\sqrt{1-4\beta a^2}}{4a^2\beta}\right)$$

$$=\alpha_x\left(\frac{-a\beta+a\beta\sqrt{1-4\beta a^2}-a+a\sqrt{1-4\beta a^2}+1-\sqrt{1-4\beta a^2}}{2a^2\beta}\right)$$

$\delta\equiv\dfrac{1-\sqrt{1-4\beta a^2}}{2a\beta}$ 를 이용하여 이를 다시 쓴다.

$$\alpha_x(1-\beta\delta)(1-\delta)$$

$$=\alpha_x\left(\frac{-a\beta+a\beta\sqrt{1-4\beta a^2}-a+a\sqrt{1-4\beta a^2}+1-\sqrt{1-4\beta a^2}}{2a^2\beta}\right)$$

$$=\alpha_x\left(-1+\frac{1}{a}-\beta\right)\delta$$

임을 알 수 있다. $a\equiv\dfrac{\alpha_x}{\alpha_x(1+\beta)+\kappa^2}$ 이므로 다음의 식이 성립한다.

$$\alpha_x\left(\frac{\alpha_x(1+\beta)+\kappa^2}{\alpha_x}-1-\beta\right)\delta$$

$$=\left(\alpha_x(1+\beta)+\kappa^2-\alpha_x(1+\beta)\right)\delta$$

$$=\kappa^2\delta$$

이다. 따라서 $\dfrac{\Lambda}{\alpha_x}-\dfrac{\Lambda\delta}{\alpha_x}-\dfrac{\kappa}{\alpha_x}\dfrac{\delta}{1-\delta\beta}\dfrac{\kappa\Lambda}{\alpha_x}=0$ 이다.

최종적으로 $\hat{x}_t = \delta \hat{x}_{t-1} - \dfrac{\kappa \delta}{\alpha_x (1 - \delta \beta \rho_u)} u_t,$

그리고 $\hat{x}_0 = -\dfrac{\kappa \delta}{\alpha_x (1 - \delta \beta \rho_u)} u_0 + \dfrac{\Lambda \delta}{\alpha_x}$ 임을 알 수 있다.

공저자 소개

이종화, Jong-Wha Lee

고려대학교 경제학과 (학사, 석사)
미국 하버드대학교 (경세학 박사)
국제통화기금(IMF) 이코노미스트
아시아개발은행 수석 이코노미스트
미국 하버드대학교 초빙교수
청와대 국제경제보좌관
한국국제경제학회 회장
현 고려대학교 경제학과 교수

주요 저서

거시경제학. (신관호 공저). 박영사, 제3판, 2019.

Education Matters: Global Schooling Gains from the 19th to the 21st Century. (with R. J. Barro), Oxford University Press, 2015.

A New Data Set of Educational Attainment in the World, 1950–2010. (with R. J. Barro), *Journal of Development Economics,* 104, 2013.

IMF Programs: Who Is Chosen and What Are the Effects. (with R. J. Barro), *Journal of Monetary Economics,* 52, 2005.

How Does Foreign Direct Investment Affect Economic Growth?. (with E. Borensztein and J. De Gregorio), *Journal of International Economics,* 45, 1998.

Government Interventions and Productivity Growth. *Journal of Economic Growth,* 1, 1996.

김진일, Jinill Kim

서울대학교 경제학과 (학사, 석사)
미국 예일대학교 (경제학 박사)
미국 연준이사회(FRB) 선임 이코노미스트
미국 버지니아주립대 조교수
미국 조지타운대학교 객원교수
한국금융학회 부회장
한국경제발전학회 회장
현 고려대학교 경제학과 교수

주요 저서

Designing a Simple Loss Function for the Fed: Does the Dual Mandate Make Sense?. (with D. Debortoli, J. Linde, and R. Nunes), *Economic Journal,* 129, 2019.

Extreme Events and Optimal Monetary Policy. (with F. Ruge-Murcia). *International Economic Review,* 60, 2019.

Calculating and Using Second Order Accurate Solution of Discrete Time Dynamic Equilibrium Models. (with S. H. Kim, E. Schaumburg, and C. A. Sims), *Journal of Economic Dynamics and Control,* 32, 2008.

Inflation Targeting and Nominal Income Growth Targeting: When and Why Are They Suboptimal?. (with D. W. Henderson). *Journal of Monetary Economics,* 52, 2005.

Constructing and Estimating a Realistic Optimizing Model of Monetary Policy. *Journal of Monetary Economics,* 45, 2000.

동태적 거시경제학 연습문제 풀이집

초판발행	2021년 4월 15일
중판발행	2023년 2월 20일

지은이	이종화·김진일
펴낸이	안종만·안상준

편 집	배근하
기획/마케팅	조성호
표지디자인	이미연
제 작	고철민·조영환

펴낸곳	(주) **박영사**
	서울특별시 금천구 가산디지털2로 53, 210호(가산동, 한라시그마밸리)
	등록 1959. 3. 11. 제300-1959-1호(倫)
전 화	02)733-6771
f a x	02)736-4818
e-mail	pys@pybook.co.kr
homepage	www.pybook.co.kr
ISBN	979-11-303-1276-7 93320

정 가   9,500원